中经"精品课程"系列

中经新工科·汽车专业规划教材

汽车车载网络系统检修

主　　审：刘国军
主　　编：吕少卉　张先贞
副 主 编：聂鲁美　刘　源　张　科　王　旭
参编人员：郝欢欢　张　通　刘晓敏　贺　翔
　　　　　孔国栋　程尚廷　张　旭　吕丕华
　　　　　李　波　史作光

图书在版编目（CIP）数据

汽车车载网络系统检修 / 吕少卉，张先贞主编. --
北京：中国经济出版社：中国石化出版社，2025.6.
ISBN 978-7-5136-8221-3
Ⅰ. U472.41
中国国家版本馆 CIP 数据核字第 2025A6Z153 号

选题策划　雷　生
责任编辑　罗　茜
责任印制　李　伟
封面设计　任燕飞

出版发行	中国经济出版社
印 刷 者	宝蕾元仁浩（天津）印刷有限公司
经 销 者	各地新华书店
开　　本	889 mm×1194 mm　1/16
印　　张	8.75
字　　数	163 千字
版　　次	2025 年 6 月第 1 版
印　　次	2025 年 6 月第 1 次
定　　价	59.00 元

广告经营许可证　京西工商广字第 8179 号

中国经济出版社 网址 http://epc.sinopec.com/epc/ 社址 北京市东城区安定门外大街 58 号 邮编 100011
本版图书如存在印装质量问题，请与本社销售中心联系调换（联系电话：010-57512564）

版权所有　盗版必究（举报电话：010-57512600）
国家版权局反盗版举报中心（举报电话：12390）　服务热线：010-57512564

PREFACE 前言

随着我国汽车行业智能化、网联化进程加速发展，汽车智能网联化水平不断提升，产值规模迎来快速增长。社会对汽车后市场相关人才的需求与日俱增，其所涉及的车载网络检修技术范围也越来越广，对从业人员的要求也越来越高。因此培养车载网络和通信检修技术高素质、高技能人才成为社会的迫切需求。

"汽车车载网络系统检修"是智能网联汽车专业的核心课程，也是汽车检测与维修技术、新能源汽车技术等高职高专汽车类各专业的核心课程。本课程旨在培养学生职业岗位关键能力，通过学习，学生将掌握车载网络和通信技术故障检修的基本理论知识，并能够进行车载网络维护、故障诊断，故障部件的拆卸检修、更换、调试等操作。

本教材以车载网络与通信技术检修为教学载体，把教学项目分为几个相对独立又层层递进的技能模块，使教学内容与企业实际工作任务紧密贴合，有效促进教学与就业凝聚力。教材内容涵盖了车载网络系统认知和 CAN 总线、LIN 总线、MOST 总线、FlexRay 总线、车载以太网以及车载无线通信技术等网络技术的故障检修。同时，教材紧跟当代汽车网络技术的发展，及时补充更新课程资源，确保汽车网络通信新技术、新工艺理论知识与时俱进，专业技术全面先进、技能实用够用。

本教材的编写思路是：

1. 课程项目设计遵循职业成长和学生认知规律来序化教学内容，从易到难、由浅入深、层层递进安排相应的学习任务；

2. 课程结合职业岗位需求，以工作过程为导向、任务驱动，重点突出"做中学，学中做"的理念，突出教学以学生为主体；

3. 教学过程中教师为辅，提供技术支持和安全监督；学生为主，依据所学内容借助维修手册，制定故障排除流程，上车排除故障；

4. 学生在团队合作的学习过程当中，无论是语言沟通、文字表达、协作配合、动手操作能力，还是分析问题、解决问题的能力都能得到提高，从而构建知识技能与职业素养并重的评价体系。

本教材适用于以培养学生汽车车载网络系统实车操作技能和应用为主的高职、中职院校以及从事汽车网络系统维修职业的人员使用。

本教材写作团队成员包括山东理工职业学院吕少卉、张先贞、刘国军、刘源、聂鲁美、张科、王旭等老师，刘国军、吕少卉、张先贞老师主持教材的编写、审核与校对，刘源、郗欢欢、张通老师负责无线通信技术部分编写，王旭、刘晓敏、张旭老师负责CAN总线系统的编写，张科、贺翔、孔国栋老师负责LIN总线和以太网的编写，聂鲁美、程尚廷负责FlexRay和MOST总线部分的编写，在教材编写当中也征求了中德诺浩（北京）教育科技股份有限公司吕丕华、济宁润华汽车销售服务有限公司首席技师李波以及济宁恒悦汽车销售服务有限公司技术总监史作光等企业专家的建议，结合行业企业实际岗位任务情况，对教材内容做了相应完善，在此向各位老师表示感谢。

CONTENTS 目 录

项目一　车载网络系统概述　001

一、车载网络系统的分类 …………………………… 001
二、车载网络系统在汽车上的应用 ………………… 003
三、车载网络基础知识 ……………………………… 005
四、车载网络系统诊断座 …………………………… 007
五、车载网络总线网关 ……………………………… 011

项目二　CAN 总线系统检修　016

一、CAN 总线历史 …………………………………… 016
二、CAN 总线类型 …………………………………… 017
三、CAN 总线通信原理 ……………………………… 018
四、CAN 数据总线组成 ……………………………… 019
五、CAN 总线信号 …………………………………… 020
六、CAN 总线信号传输 ……………………………… 023
七、CAN 总线报文 …………………………………… 024
八、CAN 总线的万用表检测方法 …………………… 031
九、网络管理 ………………………………………… 032

项目三 LIN 总线系统检修 054

一、LIN 总线简介 …………………………………………… 054

二、LIN 总线报文帧结构 …………………………………… 057

项目四 MOST 总线系统检修 066

一、MOST 总线概述 ………………………………………… 066

二、塑料光纤传输技术优点 ………………………………… 067

三、MOST 总线系统的运行模式 …………………………… 067

四、MOST 总线的组成及工作原理 ………………………… 068

项目五 FlexRay 总线系统检修 080

一、FlexRay 总线概述 ……………………………………… 080

二、FlexRay 总线特点 ……………………………………… 082

三、通信节点架构 …………………………………………… 084

四、FlexRay 总线组成 ……………………………………… 085

五、FlexRay 总线电压 ……………………………………… 086

六、总线拓扑结构 …………………………………………… 087

七、信号特性 ………………………………………………… 087

八、数据帧 …………………………………………………… 088

九、编码与解码 ……………………………………………… 089

十、FlexRay 总线应用领域 ………………………………… 090

项目六 车载以太网总线系统检修 095

一、车载以太网概述 ………………………………………… 095

二、车载以太网的结构 ……………………………………… 098

三、车载以太网物理层特性 ………………………………… 100

| 项目七 | 无线通信技术 | 107 |

一、NFC 技术 …………………………………………… 107
二、蓝牙技术 …………………………………………… 114
三、车载5G 技术 ………………………………………… 122

| 参考文献 | | 132 |

项目一
车载网络系统概述

情景描述

一天,小李在商场地下车库看到一辆北汽极狐阿尔法,发现该车能够自动寻找停车位,听说该车具备先进的驾驶辅助系统。于是他问同事,该车为什么这么先进,同事说应该跟此车的车载网络系统有关。小李的同事说的对不对呢?

学习目标

- 熟悉车载网络系统分类
- 了解车载网络系统应用
- 掌握车载网络系统术语
- 能够描述现有的主流车载网络系统

知识链接

随着电控系统的日益复杂,以及对汽车内部控制功能电控单元相互之间通信能力要求的日益增长,采用点对点的连接会使车内线束增多,这样在考虑内部通信的可靠性、安全性以及重量方面都给汽车设计和制造带来了很大的困扰。为了减少车内连线,实现数据的共享和快速交换,同时提高可靠性等,在快速发展的汽车电控系统上,将汽车上所有的电子传感器、执行器和电控单元之间以 CAN、LIN、FlexRay 和 MOST 进行有效连接,构成通信可靠高效的汽车电子网络系统,即车载网络系统。

一、车载网络系统的分类

目前存在的多种汽车网络标准,其侧重的功能有所不同。按照系统的复杂程度、通信速率、必要的动作响应速度、工作可靠性等方面的因素，美国汽车工程师学会（SAE）将汽车数据传输网划分为 A、B、C、D 和 E 共 5 类。

（一）A 类网络

A 类网络是应用在"控制模块与智能传感器或智能执行器"之间的通信网络（子总线）。

该类网络的特点是低传输位速率、低成本。该类网络通信大部分采用通用异步收发器（Universal Asynchronous Receiver Transmitter，UART）标准，目前还在应用的主要是 LIN 协议、TTP/A 协议和丰田专用 BEAN 协议等。

（二）B 类网络

主要应用的 B 类总线标准有 3 种：低速 CAN、J1850 和 VAN。

低速 CAN 是 B 类总线的国际标准，以往广泛适用于美国车型的 J1850 正逐步为基于 CAN 总线的标准和协议所取代。

（三）C 类网络

由于高速总线系统主要用于与汽车安全相关以及实时性要求比较高的地方，如动力系统等，所以其具有高传输速率，通常为 125 kbit/s～1Mbit/s。可支持实时的、周期性的参数传输，高速网络主要用于动力控制系统、电子制动系统等。

（四）D 类网络

汽车信息娱乐和远程信息设备，特别是汽车导航系统，需要功能强大的操作系统和连接能力。目前主要应用的几种 D 类总线协议见表 1-1。

表 1-1 D 类总线协议

总线协议	低速	高速				无线
	IDB-C	D2B		MOST	IDB-1394	蓝牙
		Cipper	OPtical			
应用场合	通信娱乐	通信娱乐	通信娱乐	通信娱乐		PC 通信
传输介质	双绞线	双绞线	光纤	光纤	光纤	
位速率	250kbit/s	29.8kbit/s	12Mbit/s	25Mbit/s	98～393Mbit/s	2.4GHz
备注	基于 CAN 总线	—				

汽车多媒体网络和协议分为 3 种类型，分别是低速、高速和无线，对应 SAE 的分类相应为 IDB-C、IDB-M 和 IDB-W，传输速率为 250kbit/s～100Mbit/s。

低速用于远程通信、诊断及通用信息传送，IDB-C 按 CAN 总线的格式以 250kbit/s 的位速率进行信息传送。

高速主要用于实时的音频和视频通信，如 MP3、DVD 和 CD 等的播放，所使用的传输介质是光纤。

无线通信方面，采用蓝牙规范。

（五）E 类网络

E 类网络主要面向乘员的安全系统，主要用于安全气囊系统。主要作用为连接气囊、控制电脑、加速度计、安全传感器等装置，为被动安全提供最佳保障。目前已有一些公司研制了相关的总线和协议，典型的安全总线标准如宝马公司的 Byteflight。

Byteflight 协议基于灵活的时分多路 TDMA 协议，以 10Mbit/s 的速率传送数据，光纤可长达 43m。其不仅可以用于安全气囊系统的网络通信，还可用于 X – by – Wire 系统的通信和控制。其结构能够保证留出一段固定的等待时间，专门用于处理来自安全元件的高优先级信息。利用 Byteflight 可以连接和收集前座保护气囊、后座保护气囊以及膝部保护气囊等安全装置的信号。在紧急情况下，这种决定性的措施对安全产生最佳的保护效果。

二、车载网络系统在汽车上的应用

车载网络系统在汽车上的应用非常多，按照应用系统加以划分，车载网络大致可以分为 4 个系统：动力传动系统、车身系统、安全系统和信息娱乐系统（见图 1 – 1）。

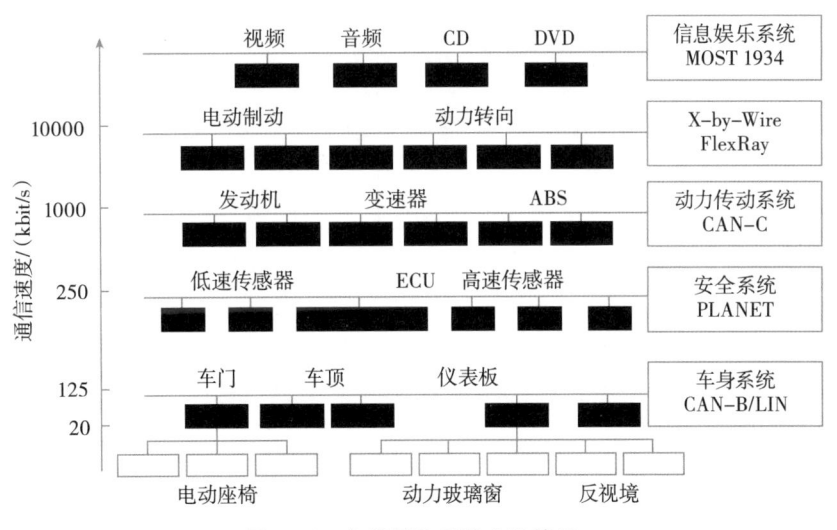

图 1 – 1　车载网络系统应用等级

（一）动力传动系统

在动力传动系统内，利用网络将前机舱内设置的模块连接起来，在将汽车的主要因素——启动、行驶、停止与转弯这些功能用网络连接起来时，就需要高速网络。

动力 CAN 数据总线连接跟动力有关的电脑，在动力传动系统中，数据传递应尽可能快速，以便能及时利用数据，所以需要一个高性能的发送器。

CAN数据总线连接点通常置于控制单元外部的线束中，但在特殊情况下，连接点也可能设在发动机电控单元内部。

（二）车身系统

与动力传动系统相比，汽车上的各处都配置有车身系统的部件，线束长，容易受到干扰。防干扰的措施是尽量降低通信速度，通过增加节点的数量保证通信速度不受影响。在车身系统中，因为担负着人机接口作用的模块、节点的数量增加，所以与性能（通信速度）相比，更倾向于注重成本。

（三）安全系统

安全系统是指根据多个传感器的信息，使安全气囊启动等的控制系统。由此使用的节点数将急剧地增加。对此系统的要求是成本低、通信速度快、通信可靠性高。

（四）信息娱乐系统

对信息娱乐系统通信总线的要求是容量大、通信速度快。面向21世纪的控制系统、高速车身系统及主干网络等，意味着将有不同的网络并存，为了实现即插即用，将各个局域网与总线相连，根据汽车的平台选择并建立所需要的网络。典型的车用网络如图1-2所示。

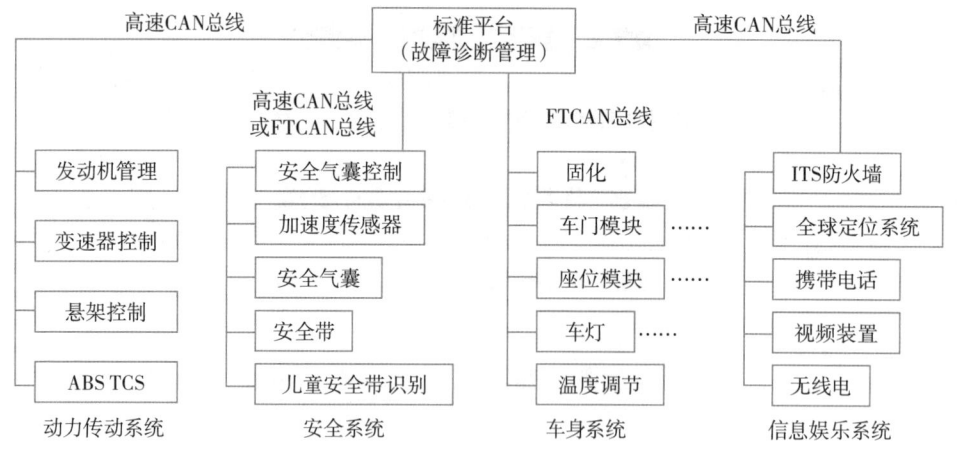

图1-2 部分典型车用网络

总体来讲，汽车通信网络可分为车内有线连接网络和车外无线连接网络。随着智能网联汽车的发展，它对车辆内、外通信的需求越来越高，也推动着车内网络和车外网络的发展。

三、车载网络基础知识

(一) 通信基本要素

通信，就是实现设备间的数据交换。要实现通信，需要具备3个基本要素：通信设备、传输介质和通信数据。

1. 通信设备

通信设备可大致分为两大类。一是需要进行数据交换的通信主机；二是在通信主机之间起到对数据进行解析、收发、储存和转发等作用的中继设备，如网卡、交换机、路由器等。

2. 传输介质

传输介质是实现数据传输的桥梁，是数据在传输过程中的载体。传输介质可以是有线的，如电线、光纤；也可以是无线的，如电磁波。

3. 通信数据

通信数据是通信的具体内容。数据在传输过程中需要进行分组、分段、转化等，这体现在数据的不同表现形式上，如报文、帧、比特等。

(二) 通信网络形式

为了描述方便，把通信设备抽象为节点，把它们之间的传输介质抽象为链路。各个节点通过链路进行连接，就形成了网络。

节点与链路的连接方式可以有多种，如点对点、总线型、环形、星形、树形等，通常用拓扑图表示（见图1-3）。

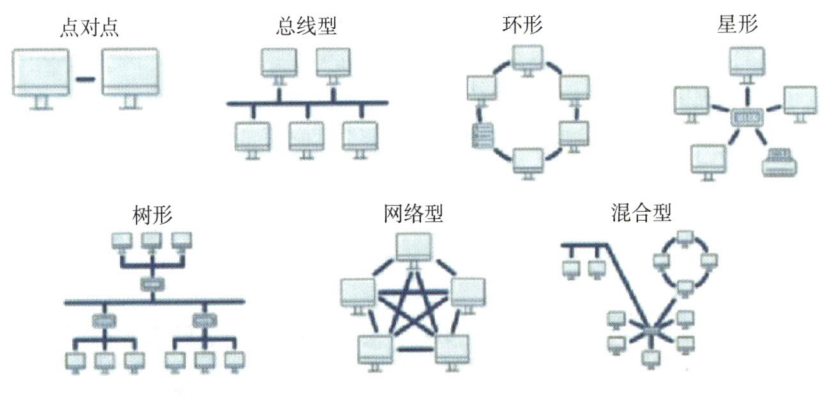

图1-3 网络拓扑类型

(三) 数据通信实现

要实现通信,除了通信基本要素,并连接形成网络,通信双方还需要对通信数据传输过程、数据接收发送等达成一致,以实现数据准确、高效的收发。这种制定的一组相互商定的规则就是通信协议。

为了对通信实现过程的管理和封装,基于层制定相关通信协议,国际标准化组织(ISO)采用了分层的结构化技术,提出了开放式系统互联通信参考模型(OSI 模型),从功能和逻辑上对通信过程进行分层。

OSI 模型,包括物理层、数据链路层、网络层、传输层、会话层、表示层和应用层共 7 层。OSI 模型不是一组规则,而是理解网络如何运作的工具。在实际的各种通信网络中,其分层会有所不同(见表 1-2)。

表 1-2 OSI 模型

	分层名称	功能	每层功能概览
7	应用层	针对特定应用的协议	针对每个应用的协议 电子邮件 → 电子邮件协议 远程登录 → 远程登录协议 文件传输 → 文件传输协议
6	表示层	设备固有数据格式和网络标准数据格式的转换	接收不同表现形式的信息,如文字流、图像、声音等
5	会话层	通信管理。负责建立和断开通信连接(数据流动的逻辑通路)。 管理传输层以下的分层	何时建立连接,何时断开连接以及保持多久的连接?
4	传输层	管理两个节点之间的数据传输。负责可靠传输(确保数据被可靠地传送到目标地址)	是否有数据丢失?
3	网络层	地址管理与路由选择	经过哪个路由传递到目标地址?
2	数据链路层	互连设备之间传送和识别数据帧	数据帧与比特流之间的转换 分段转发

续表

	分层名称	功能	每层功能概览
1	物理层	以"0""1"代表电压的高低、灯光的闪灭。界定连接器和网线的规格	0101 → ⊔⊔ → 比特流与电子信号之间的切换 连接器与网线的规格

对于各种具体通信网络的形成和发展，一般由相关企业发起，再形成联盟或组织来推广协议。当采用的公司多了，就形成了事实性标准，再由行业或国际标准化组织进行收编，形成行业或国际标准。

（四）通信网络评价指标

通信网络评价指标主要有数据传输速率、通信距离、数据传输可靠性，以及成本和安装维护的难易程度等。

一般用带宽表示通信网络数据传输能力，指单位时间内通过网络中某个节点的最高数据率。常用单位为比特率（bps），即单位时间传输的位数。

另外，通信网络也需要考虑网络诊断、网络管理、通信时延迟等问题。

四、车载网络系统诊断座

（一）定义

车载网络系统诊断座，也称 OBD 诊断座，用于连接车辆诊断仪或解码器对车辆进行诊断或改装。OBD 是一个专有名词的缩写，其全称为 On Board Diagnostics，中文意思是车载自动诊断系统（见图 1-4）。这套系统能在汽车运行过程中实时监测汽车各个电控系统功能模块的工作状况，如发现工况异常，则根据特定的算法判断出具体的故障，并以诊断故障代码（Diagnostic Trouble Codes，DTC）的形式存储在电控系统内的存储器上。

图 1-4 OBD 诊断座

系统自诊断后得到的有用信息可以为车辆的维修和保养提供帮助，维修人员可以利用汽车原厂专用仪器读取故障码，从而可以对故障进行快速定位，便于车辆修理，减少人工诊断的时间。

（二）安装位置

OBD 诊断座的安装位置一般位于方向盘下方的内饰板中，靠近驾驶员膝盖的地方。不同车型的位置稍有区别。有些车辆的 OBD 诊断座位于中央扶手箱内、挡杆附近或点烟器前面。老奇瑞的 OBD 诊断座位置出乎意料，位于发动机防火墙附近。

OBD 诊断座位置见图 1-5。

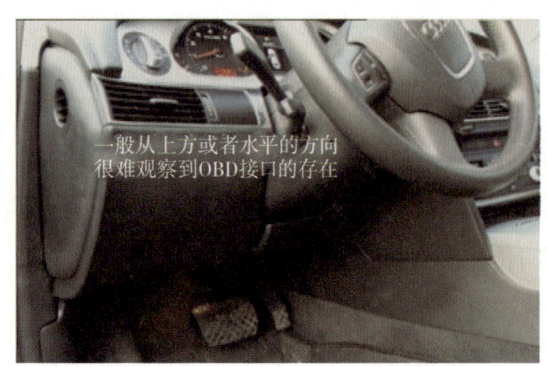 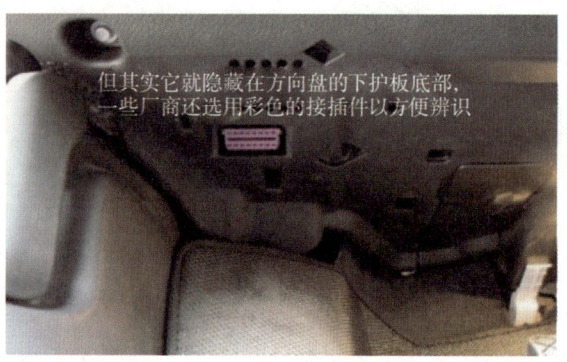

图 1-5　OBD 诊断座位置

（三）结构特点

OBD 诊断座统一采用梯形的 16 针 DLC 形式接插件，梯形接口是防误插设计，如果设备接口方向不对就无法插入，以防错误插入导致的短路或者其他状况影响车辆使用。

OBD 接口自带供电系统，设备插入后一般有工作状态的指示灯，但大部分时候它们只承担数据读取的任务（见图 1-6）。

图 1-6　OBD 诊断设备指示灯

（四）诊断接口的作用

1. 行车数据显示

OBD 接口作为车载诊断系统的通信接口，除读取故障码以供修车外，首要的功能就是可以提供车辆的各种工况数据，除了车辆仪表显示的数据，实际在行车电脑中所记录的数据要多得多，包括很多无行车电脑显示屏配置的车辆，其实车辆的各项运行数据在系统中都是有记录的，但厂家会因为价格配置等因素，在较低配置车型上去掉行车电脑显示这项配置，导致用户无法参考这些有用的数据，所以市场上出现了一些专门的行车电脑显示产品。

这类产品有两种形式，一种是通过一条专用的数据线连接到车辆的 OBD 接口。将数据读取出来再显示到配套的显示屏上，基本等于自己加装了一个行车电脑显示屏。平时连接线可以一直插在 OBD 接口上不用拔下，只需固定显示屏即可，车主可以自行选择需要显示的数据。

另一种就是无线 OBD 接口适配器 + 智能手机端软件。这种与手机端配合的 OBD 端口读取器类似于一个加入了无线通信模块的单片机，通过蓝牙或 Wi-Fi 将 OBD 接口读取的数据传输到智能手机端，再通过手机端的软件呈现给使用者。

2. 更改代码实现更多功能

现代汽车的电控系统可以通过 OBD 接口接入车辆控制系统的 CAN-BUS 总线，对车辆的各个控制模块的功能进行调节，通过 OBD 接口的数据线接入车辆的 CAN 总线并调节各个模块的代码就可以实现许多不同的"隐藏"功能，这样免费的"增配"对于许多车主来说非常具有吸引力。

3. 读取刷写 ECU 程序

随着车载电脑系统的硬件升级，现代车辆的 ECU 内的程序存储器由之前的只读式变为可刷写式，厂家这样设置是为了随时能对 ECU 的控制程序进行更新，就像手机的固件升级一样，针对不同的行驶地区或工况通过对 ECU 系统程序的升级使得车辆能适应各种不同的工作环境。

原厂的 ECU 程序出于稳定性和经济性的考虑，一般在动力输出上有所保留，而改装厂商通过改写原车 ECU 数据即可实现对动力的提升，这一切在有了 OBD 接口之后变得轻而易举，只需电脑和数据线连接到 OBD 接口就可以完成刷写的工作。

刷写程序见图 1-7。

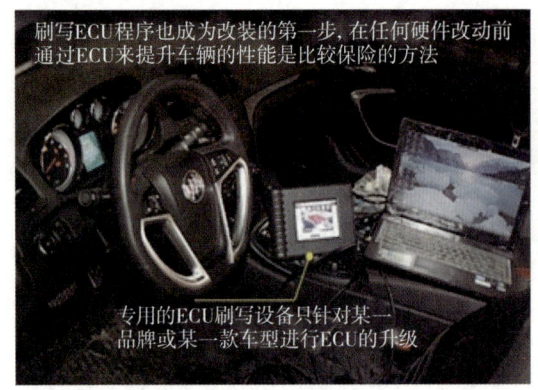
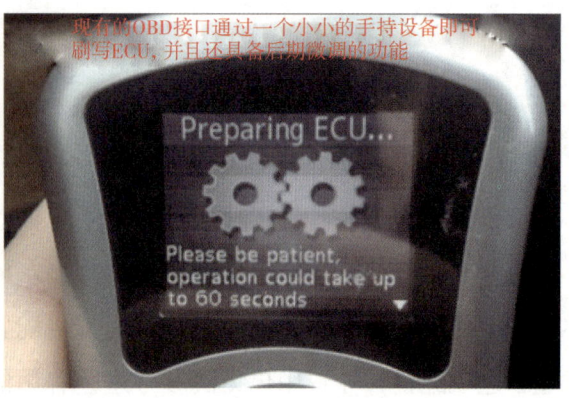

图1-7 刷写程序

（五）诊断接口端子编号

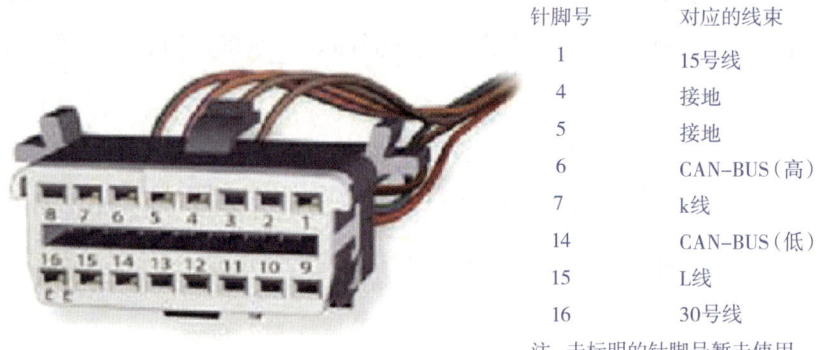

针脚号	对应的线束
1	15号线
4	接地
5	接地
6	CAN-BUS（高）
7	k线
14	CAN-BUS（低）
15	L线
16	30号线

注：未标明的针脚号暂未使用。

图1-8 OBD诊断座针脚编号对应线路

汽车诊断接口端子含义因车型和标准而异，可以参考国际通用OBD-II接口（16针）针脚含义。

针脚3：CAN-H（舒适），用于舒适系统的CAN总线通信。

针脚4：底盘地线，连接汽车电池负极，电压0V。

针脚5：信号地线，模块负极，电压0V。

针脚6：CAN-H（动力），用于动力系统的CAN总线通信。

针脚7：K线，用于ISO 9141协议中的串行数据传输，常见于旧款车型。

针脚11：CAN-L（舒适），用于舒适系统的CAN总线通信。

针脚12：CAN-H（底盘），用于底盘系统的CAN总线通信。

针脚13：CAN-L（底盘），用于底盘系统的CAN总线通信。

针脚14：CAN-L（动力），用于动力系统的CAN总线通信。

针脚15：LIN线，用于本地互联网络通信。

针脚16：电源，连接汽车电池正极，电压12V。

五、车载网络总线网关

(一) 网关的定义

汽车网关 (Automotive Gateway) 控制器是整车网络系统的核心部件,是整车网络的数据交互枢纽。由一种网络总线向另一种网络总线发送信息,需要换乘的站点就是网关。不同类型的网络总线之间通过网关进行数据交互。

(二) 网关的连接架构

汽车网关是连接不同类型网络的接口装置,集成了标准多媒体接口,如通用串行总线 (USB)、Firewire 和面向介质的系统传送 (MOST) 总线,并且连接控制区域网 (CAN) 系统。控制器采用以太网和蓝牙等计算机接口,还可以同前沿的汽车系统相连,综合了桥接器和路由器的功能。网关是车内网络的中心枢纽,可跨功能域(动力底盘域、车身控制域、信息娱乐域、驾驶辅助域等)帮助车辆中不同类型网络之间安全可靠地相互传输、处理数据,如图1-9所示。

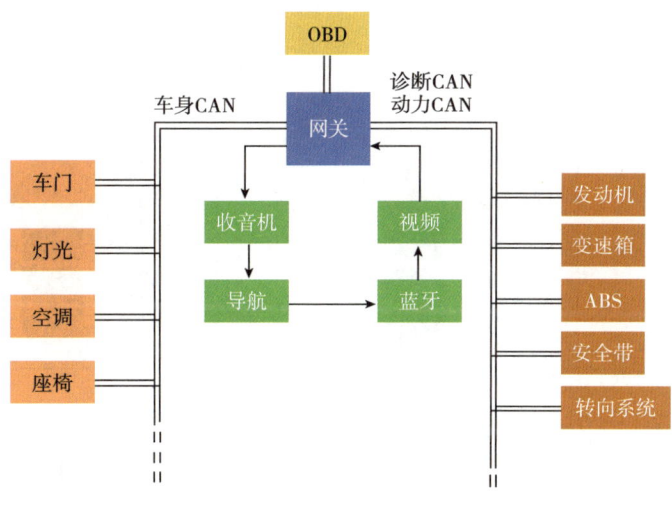

图1-9 车载网络框架

(三) 网关的功能

汽车网关可以简单形象地理解为翻译官,它作为整车网络的数据交互枢纽,是整车电子电气构架中的核心部件,使数据在车辆内部的多个网络(CAN、LIN、MOST、FlexRay等)中安全可靠地传输是其核心功能。网关作为汽车网络系统的核心控制装置,负责协调不同结构特征的CAN总线网络和其他数据网络之间的协议转换、数据交换、故障诊断等工作。整车电子电气构架基于网关而更加优化,网关也可以提高整车拓扑结构的可扩展性和整车的安全性,整车网络数据的保密性也可以得到加强。

（1）路由功能：报文路由、诊断路由、数据包路由、高优先级路由、信号路由（最终带有信号处理）、接收和发送的消息之间的不同类型的速率适配，如定期和立即发送变更（TOC）。

（2）网关的其他功能：网络管理、标称－实际配置比较、Flashing软件功能、诊断总线上的消息镜像、诊断测试仪－提供CAN和以太网接口。

（四）网关的类型

网关是整车电子电气构架中不可或缺的重要部件，车辆中主要包含中央网关和局域网关（见图1－10）。

（1）中央网关可以在发动机控制单元、转向系统和驾驶辅助系统等多个局域网之间进行可靠的数据传输。

（2）局域网关负责的是域内的控制单元（ECU）的数据传输。与局域网关相比，中央网关具有更强的处理性能、更多的接口和更高带宽的网络协议。

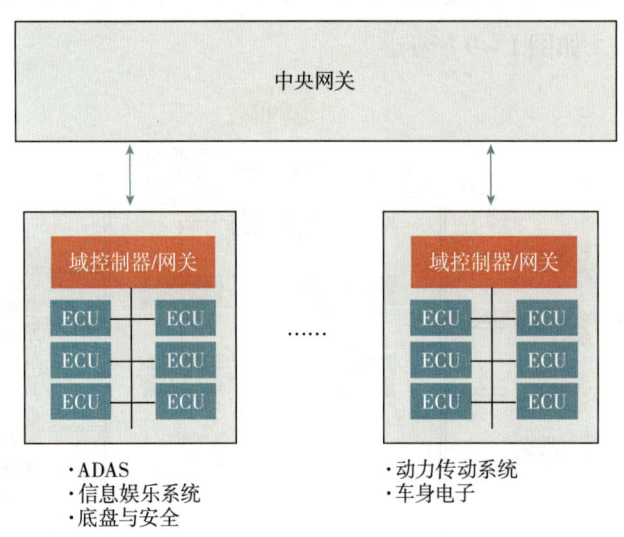

图1－10　网关分类

（五）工作原理

用火车站转换旅客的过程来说明网关的工作原理最为合适，在某个车站，站台1到达一列特快列车（驱动CAN总线，数据传输速率为500kbit/s），车上有数百名旅客（数据），在站台2已经有一列普快列车（车身BCM信息CAN总线，数据传输速率为100kbit/s）在等待，有一些旅客要换到这列普快列车上，另一些乘客要换乘到特快列车继续旅行，当然，也有很多时候旅客是从这一列火车上下来到候车厅去等待相应的车次（相当于网关信息的缓冲作用）（见图1－11）。

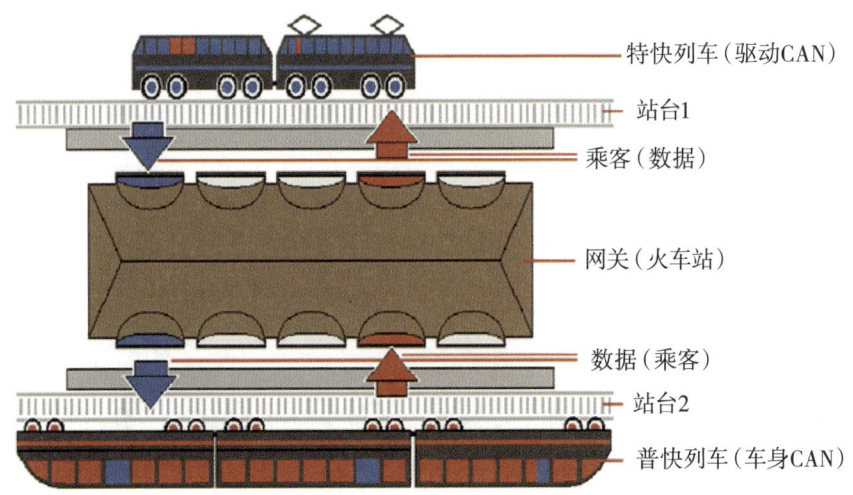

图 1-11　车载网关工作原理

车站的这种换乘功能，即让旅客换车以便通过速度不同的交通工具到达各自的目的地的功能，与驱动 CAN 总线和舒适信息 CAN 总线两种网络系统的网关功能是相同的，网关的主要任务是使数据传输速率不同的总线系统之间能正常进行信息交换。

不同的总线系统的输出数据到达网关后，网关要做进一步的处理，在网关中过滤各个信息的速度、数据量和紧急程度，并在必要时进行缓冲存储，同时要做故障的监控和诊断工作。

（六）安装位置

在宝马车系中，中央网关模块、安全和网关模块、多音频系统控制器、便捷进入起动系统、控制显示、组合仪表、车身网关等控制单元都具有网关功能。在奥迪和大众车系中，根据车型的不同，网关可能安装在组合仪表内、车上供电控制单元内，也可能有独立的网关控制单元或者车载远程智能网关。

奥迪 A7 的数据总线网关安装在后座椅下的中间位置；宝马数据总线网关安装在主驾驶位曲脚状态的地毯下面；保时捷的网关在主驾驶座椅下，无线智能网关在副驾驶手套箱前方；大众的网关普遍在中控台油门踏板上方；特斯拉 model3 的网关在副驾驶靠近右脚的装饰面板侧上方。

技能演练

一、操作准备

准备演练所需要的工具、仪器和设备，包括万用表、诊断仪、示波器、整车、维修手册、充电机、导线、保险丝、继电器、世达工具套装等。

二、汽车网关故障检修

1. 故障现象

一辆行驶里程约 1 万 km 的奥迪 A6L 2.0T 轿车。用户反映：该车网关进不去，无法进行诊断测试。

2. 故障诊断

此车在用 VAS5052 更换后制动片时发现诊断仪无法进行测试，分析是不是诊断接口保险丝或者网关保险丝损坏导致的，于是查看诊断接口保险丝和网关保险丝。经查看发现保险丝并没有损坏，随后替换了网关 J533，但仍然无法进行诊断。分析可能的原因有：①诊断导线故障；②某个控制单元故障。随后检测了诊断接口到网关的诊断 CAN 线，正常，并且诊断座供电电压也在 12V 左右，并没有问题，因此排除了这一区域故障。于是对车上的控制单元一个一个断开进行自诊断测试。先从网关上断开驱动 CAN 线，结果发现可以进行诊断测试了，通过逐个断开驱动总线上连接的控制单元，发现断开安全气囊 J234 后诊断正常，于是断定是 J234 的损坏导致了对 J533 的干扰，无法进行诊断。

3. 故障解决

更换安全气囊控制单元 J234。

三、OBD 数据无法读取故障检修

（一）检查 OBD 连接

1. 检查 OBD 连接

确保检测仪和车辆 OBD 接口连接准确、无松动。这是一项基本的工作，但是常常会由于大意而忽视。

2. 检查电源连接

车辆 OBD 系统的正常运行需要依靠稳定的电源，当出现 OBD 数据无法读取时，可以检查电池电压是否稳定，电量是否充足，OBD 诊断座供电搭铁是否正常。

3. 清洁 OBD 接口

车辆 OBD 接口处有异物、灰尘也会导致无法读取数据，需要清理后再连接。

（二）检查诊断仪兼容性

1. 检查并更新软件/固件

检查检测仪的软件、固件是否与检测仪兼容，是否为最新版本，若不是，需要及时进行更新。

2. 检查通信协议

检查检测仪与车辆 ECU 的通信协议是否兼容。

（三）检查车辆设置

1. 检查车辆诊断系统

部分车辆存在独立的车辆诊断系统控制 OBD 接口，如果无法读取 OBD 数据，可以检查是否存在这样的独立诊断系统。

2. 检查车辆设置

仔细查阅车辆的用户手册，检查是否有特定的 OBD 功能设置需要开启。

3. 清除故障码

以往的故障记录有时也会影响 OBD 系统的正常工作，可以清除故障码后再重新连接尝试读取。

（四）寻求专业帮助

1. 联系汽车制造商

汽车制造商的技术支持团队能够针对车型提供更为专业的指导和帮助。

2. 专业人员维修诊断

可以将车辆送至专业的维修人员处进行检查，他们有更加专业的设备和技术来诊断修复车辆问题。

（五）更换不同检测仪

不同型号的检测设备之间存在差异性，可以尝试更换不同的检测仪器和设备来解决问题。

项目二
CAN总线系统检修

情景描述

一辆行驶里程为 6 万 km 的迈腾 B8 轿车，发动机无法启动，仪表发动机故障灯、ABS 故障指示灯、自动变速器故障指示灯、安全气囊故障指示灯都常亮，利用诊断仪读取故障码为 CAN 总线故障。大家了解 CAN 总线的通信原理和检修方法吗？

学习目标

- 熟悉 CAN 总线系统的作用及结构组成
- 能够查找维修手册，识读和分析 CAN 总线电路
- 能够检测并分析 CAN 总线系统的波形
- 能够检修排除 CAN 总线系统故障

知识链接

一、CAN 总线历史

CAN 是 Controller Area Network 的缩写，是 ISO 国际标准化的串行通信协议。

CAN 最初出现在 20 世纪 80 年代末的汽车工业中，由德国 Bosch 公司最先提出。当时，由于消费者对汽车功能的要求越来越多，而这些功能的实现大多是基于电子操作的，这就使得电子装置之间的通信越来越复杂，同时意味着需要更多的连接信号线。提出 CAN 总线的最初动机就是解决现代汽车中庞大的电子控制装置之间的通信问题，减少不断增加的信号线。于是，他们设计了一个单一的网络总线，所有的外围器件都可以被挂接在该总线上。1993 年，CAN 已纳入国际标准 ISO 11898（高速应用）和 ISO 11519（低

速应用）。

CAN 是一种多主方式的串行通信总线，基本设计规范要求有高的位速率、高抗电磁干扰性，而且能够检测出产生的任何错误。当信号传输距离达到 10km 时，CAN 仍可提供高达 50kbit/s 的数据传输速率。由于 CAN 总线具有很高的实时性能，CAN 被广泛地应用于工业自动化、船舶、医疗设备、工业设备等方面。

二、CAN 总线类型

根据数据传输速率的不同，CAN 总线分为两类：高速 CAN（ISO 11898 - 2）和低速 CAN（ISO 11898 - 3）。不同传输速率类型的 CAN 总线设备不能直接连在同一路总线上，它们之间需要通过网关隔离。

1. 高速 CAN

高速 CAN（按 Bosch 说法，也叫 CAN - C），数据速率为 125kbps ~ 1Mbps，应用在实时性要求高的节点，如引擎管理单元、电子传动控制、ESP 和仪表盘等。高速 CAN 总线最高信号传输速率为 1Mbps，支持最长距离 40m。ISO 11898 - 2 要求在高速 CAN 总线的两端安装端接电阻（RL）以消除反射。

2. 低速 CAN

低速 CAN（CAN - B），数据速率为 5 ~ 125kbps，应用在实时性要求低的节点，主要在舒适和娱乐领域，如空调控制、座椅调节、灯光、视镜调整等。这些节点对实时性要求不高，而且分布较为分散，线缆较易损坏，低速 CAN 的传输速率即可满足要求，单根线缆也可以工作，很好地适应了以上需求。低速 CAN 最高传输速率只有 125kbps，因此 ISO 11898 - 3 没有要求终端接电阻。低速 CAN 总线由于信号速度不高，在一根信号线失灵的情况下，仍可工作于单线模式。

ISO 11898 规定的 CAN 总线上最多 32 个节点。实际应用中要考虑 CAN 总线收发器的性能，以及工作的 CAN 网络是高速 CAN 还是低速 CAN。在传输距离方面，由于距离越大，信号时延也越大，为确保消息的正确采样，总线上的信号速率相应也得下降。

图 2 - 1 中颜色相同的控制单元间采用一种特定速率的总线系统，这种根据各自需求使用不同 CAN 总线的方式，可以较好地优化资源，降低整车的成本。

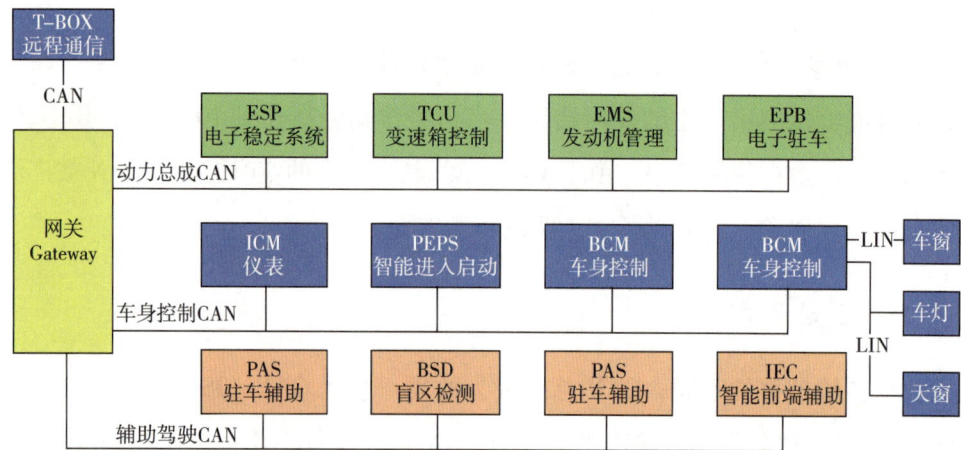

图 2-1　CAN 总线在车上的应用

三、CAN 总线通信原理

CAN 总线系统又称 CAN-BUS，是因为它的工作原理与运行中的公共汽车很相似（见图 2-2）。其中每个站点相当于一个控制单元，而行驶路线则是 CAN 总线，不同的是 CAN 总线上传递的是数据，而公共汽车上承载的是乘客。某个控制单元接收到负责向它发送数据的传感器的信息后，经过分析处理会采取相应措施，并将此信息发送到总线系统上。这样此信息会在总线系统上进行传递，每个与总线系统连接的控制单元都会接收到此信息，如果此信息对其有用则会被存储下来，如果对其无用，则会被忽略。

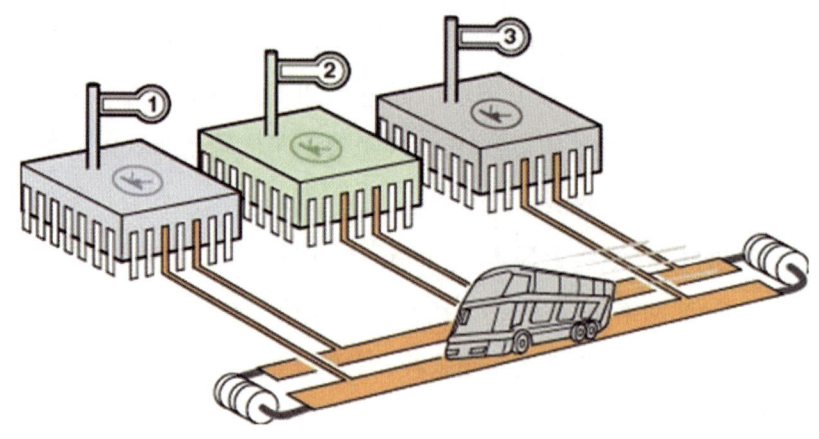

图 2-2　CAN-BUS 总线通信

或者说整个 CAN 总线通信原理类似于一个电话会议进行的方式，一个电话用户（控制单元）将数据"讲"入网络中，其他用户通过网络"接听"这个数据，对这个数据感兴趣的用户会利用，其他用户则会选择忽略（见图 2-3）。

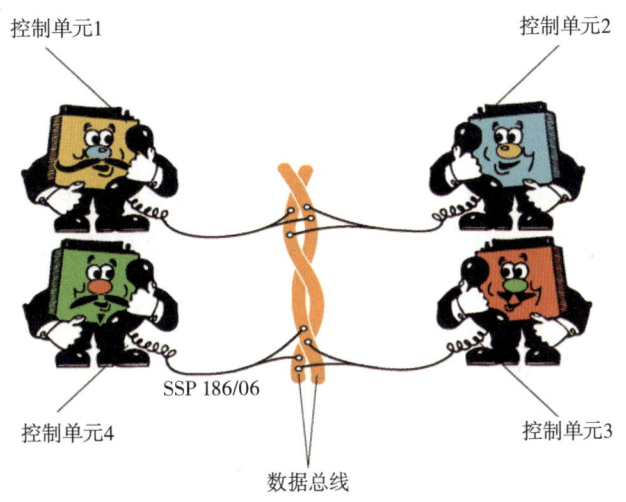

图 2-3　CAN 总线通信原理

前面讲到不同的总线系统会有不同的传输速率，这就给不同总线系统间的通信造成了一定的麻烦。它就相当于联合国开大会，每个成员国都讲自己的本国语言，如果想互相听懂，就必须有位能精通所有语言的翻译来进行信息的传递。因此，车载网络系统中很重要的一个控制单元就是网关，它同时连接多种不同的 CAN 数据总线，并在传递数据时起翻译作用（见图 2-4）。

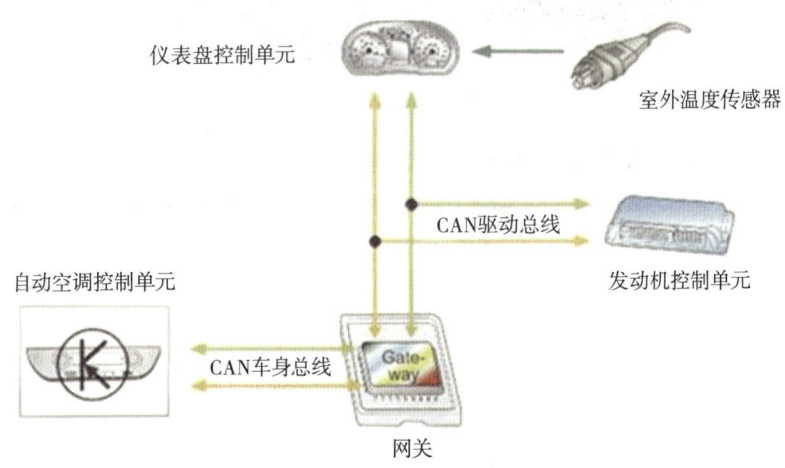

图 2-4　网关在通信中的位置

四、CAN 数据总线组成

1. CAN 控制器

从控制单元的 CPU 获得要传输的数据并将其相应的数据准备好，传输给收发器。同时，从收发器获得数据，将其进行处理并将相应的数据传输给 CPU。

2. CAN 收发器

安装在控制器内部,兼具接收和发送的功能,负责逻辑电平和信号电平之间的转换。将控制器传来的数据转化为电信号并将其送入数据传输线。即从 CAN 控制芯片输出逻辑电平到 CAN 收发器,然后经过 CAN 收发器内部转换将逻辑电平转换为差分信号输出到 CAN 总线上,CAN 总线上的节点都可以决定自己是否需要总线上的数据。

3. 数据传输终端

数据传输终端是一个电阻,防止数据在线端被反射,以回声的形式返回,影响数据的传输。终端电阻阻值是 120Ω,因为电缆的特性阻抗为 120Ω,这样可以模拟无限远的传输线。而低速 CAN 总线没有终端电阻。

4. 数据传输线

数据传输线用来传输信息数据,由高低双绞线组成。分为 CAN 高位数据线(CAN-H)和 CAN 低位数据线(CAN-L)。为防止电磁波干扰,这两条总线是缠绕在一起的。

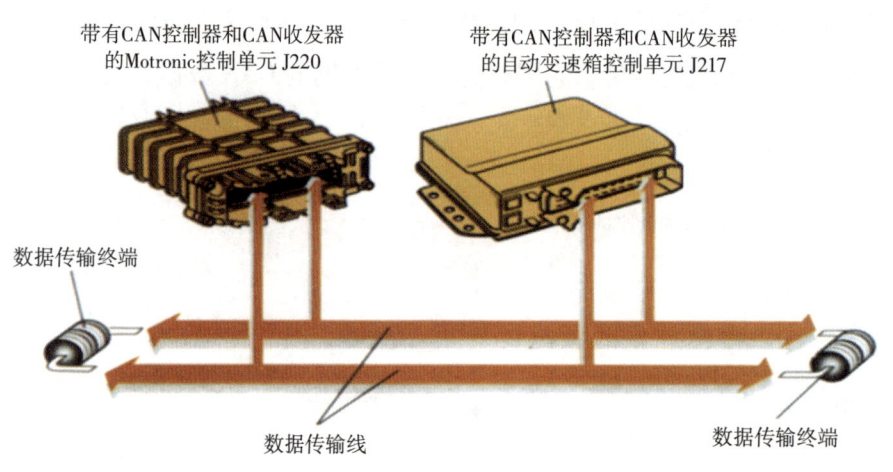

图 2-5　CAN 总线系统组成

五、CAN 总线信号

(一) 电压信号

CAN 的数据总线有两条:一条是 CAN-H,另一条是 CAN-L。CAN 总线上的信号有两种不同的信号状态,分别是显性的(Dominant)逻辑 0 和隐性的(Recessive)逻辑 1,信号每次传输并不会固定返回某个电平(除非总线空闲时回到隐性状态)。

在 CAN 总线上,逻辑"0"和"1"之间显著的电压差是总线可靠通信的保证。参照上面的描述,CAN 总线上两种电平状态分别为显性(0)和隐性(1)。

CAN 总线的信号电平具有线与特性,即显性电平(0)总是会掩盖隐性电平(1)。如果不同节点同时发送显性电平和隐性电平,总线上表现出显性电平(0),只有在总线上所有节点发送的都是隐性电平(1)时,总线上才表现出隐性电平。线与特性是 CAN 总线仲裁的电路基础。

当总线空闲也就是没有数据发送时属于隐性状态,此时 CAN-H 和 CAN-L 所具有的电压值为隐性电压。

当总线传输信号时属于显性状态,此时 CAN-H 和 CAN-L 所具有的电压值为显性电压。

(二) 高速 CAN 总线

1. 电压分类

隐性状态时,高速 CAN 总线两条线的电压一样,都为 2.5V,称为静电平,也就是隐性电平;当有信号发送时,也就是显性状态时,CAN-H 的电平升高 1V,即 3.5V,CAN-L 的电平降低 1V,即 1.5V,此时的电压为显性电压。

2. 逻辑电平

高速 CAN 定义 CAN-H 和 CAN-L 电压相同(CAN-H = CAN-L = 2.5V)时为逻辑"1",CAN-H 和 CAN-L 电压相差 2V(CAN-H = 3.5V,CAN-L = 1.5V)时为逻辑"0"。

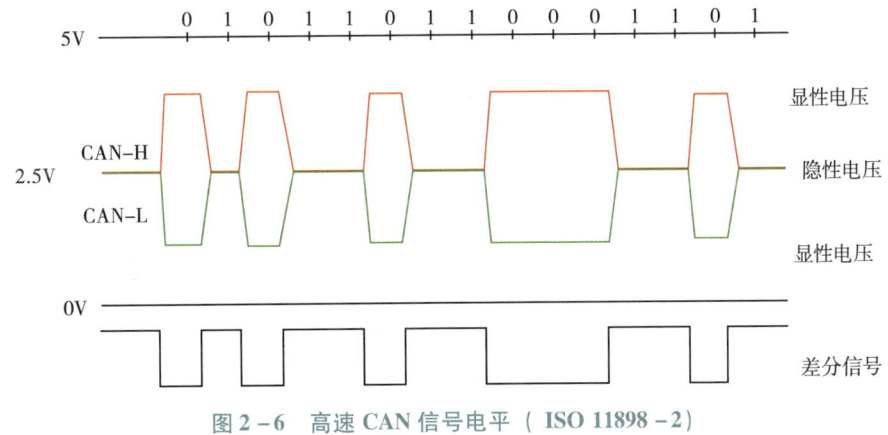

图 2-6 高速 CAN 信号电平(ISO 11898-2)

3. 工作波形

根据 CAN-H 和 CAN-L 的电压变化,示波器测得高速 CAN 总线工作波形如图 2-7 所示。

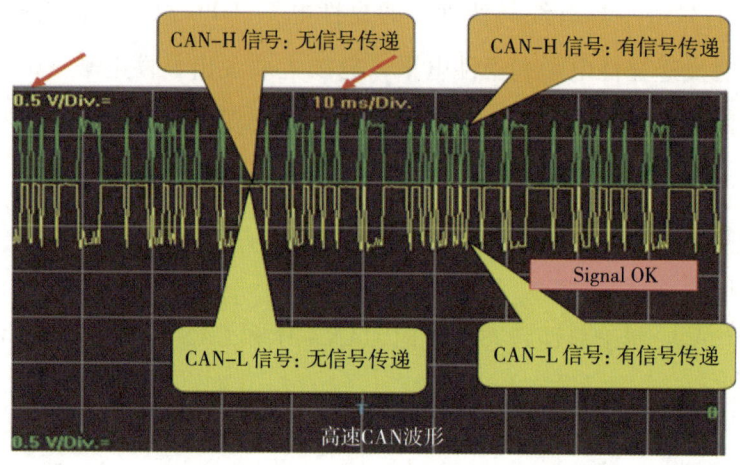

图 2-7 高速 CAN 总线工作波形

(三) 低速 CAN 总线

1. 电压分类

低速 CAN 总线在隐性状态时，CAN-H 电压是 0V，CAN-L 电压是 5V；显性状态时，CAN-H 的电平升高至少 3.5V，即 3.5V 以上，CAN-L 的电平至少降低 3.5V，即 1.5V 以下。

2. 逻辑电平

低速 CAN 定义 CAN-H 和 CAN-L 电压相差 5V（CAN-H=0V，CAN-L=5V）时为逻辑"1"，相差 2.2V（CAN-H=3.6V，CAN-L=1.4V）时为逻辑"0"。

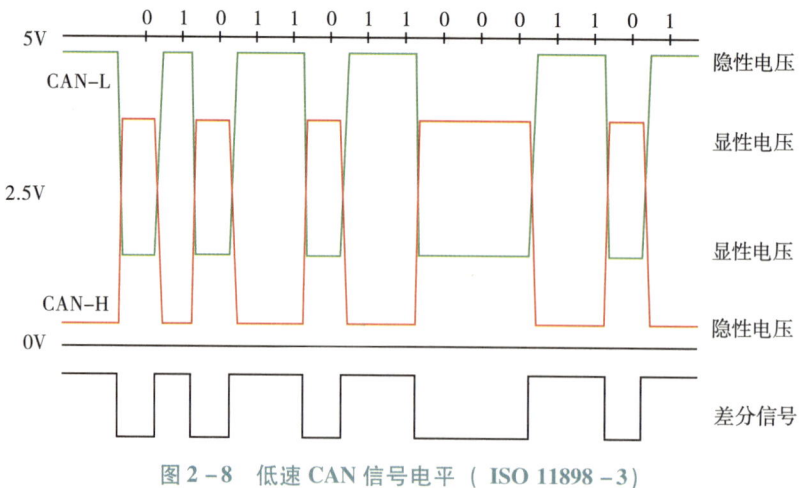

图 2-8 低速 CAN 信号电平（ISO 11898-3）

3. 工作波形

根据 CAN-H 和 CAN-L 的电压变化，示波器测得低速 CAN 总线工作波形如

图2-9所示。

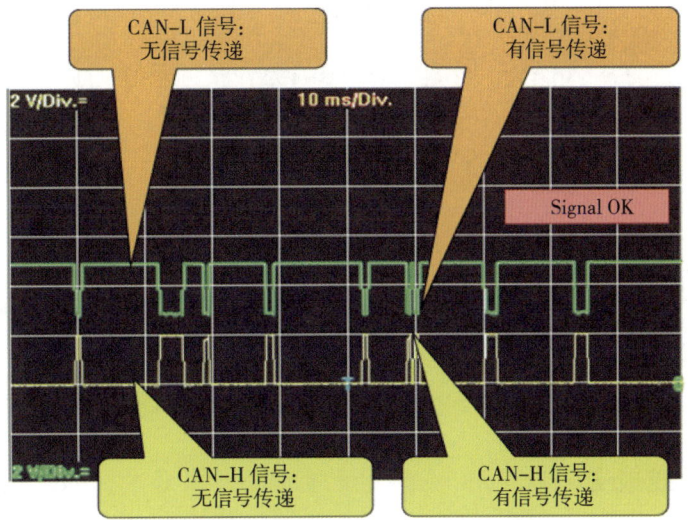

图2-9 低速CAN总线工作波形

六、CAN总线信号传输

1. 发送过程

CAN控制器将CPU传来的信号转换为逻辑电平（逻辑0——显性电平或逻辑1——隐性电平）。CAN收发器接收逻辑电平之后，再将其转换为差分电平输出到CAN总线上（见图2-10）。

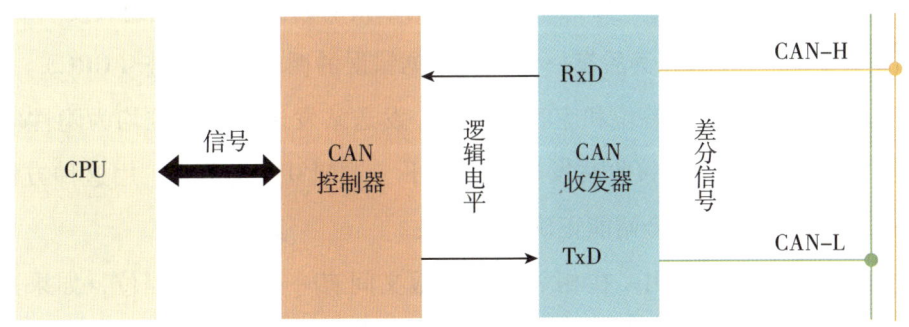

图2-10 CAN总线信号发送过程

2. 接收过程

CAN收发器将CAN-H和CAN-L线上传来的差分电平转换为逻辑电平输出到CAN控制器，CAN控制器再把该逻辑电平转化为相应的信号发送到CPU上（见图2-11）。

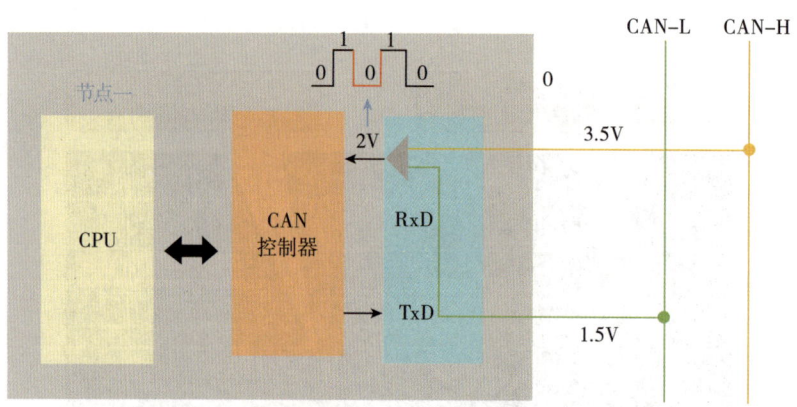

图 2-11　CAN 总线信号接收过程

七、CAN 总线报文

（一）报文组成

在总线中传送的报文，每帧由 7 部分组成。CAN 协议支持两种报文格式，它们唯一的不同是标识符（ID）长度不同：标准格式为 11 位，扩展格式为 29 位。

在标准格式中，报文的起始位称为帧起始（SOF），然后是由 11 位标识符和远程发送请求位（RTR）组成的仲裁段。RTR 位标明是数据帧还是请求帧，在请求帧中没有数据字节。

控制段包括标识符扩展位（IDE），指出是标准格式还是扩展格式。它还包括一个保留位（r0），为将来扩展使用。它的最后四个位用来指明数据段中数据的长度（DLC）。数据段数据量为 0～8 个字节，其后有一个检测数据错误的循环冗余检查（CRC）。

应答场（ACK）包括应答位和应答分隔符。发送站发送的这两位均为隐性电平（逻辑 1），这时正确接收报文的接收站发送主控电平（逻辑 0）覆盖它。用这种方法，发送站可以保证网络中至少有一个站能正确接收报文。

报文的尾部由帧结束标出。在相邻的两条报文间有一很短的间隔位，如果这时没有站进行总线存取，总线将处于空闲状态。

（二）通信帧类型

CAN 总线传输的是 CAN 帧，CAN 的通信帧分成 5 种，分别为数据帧、远程帧、错误帧、过载帧和帧间隔。

1. 数据帧

数据帧根据仲裁段长度不同分为标准帧（2.0A）和扩展帧（2.0B）（见图 2-12）。

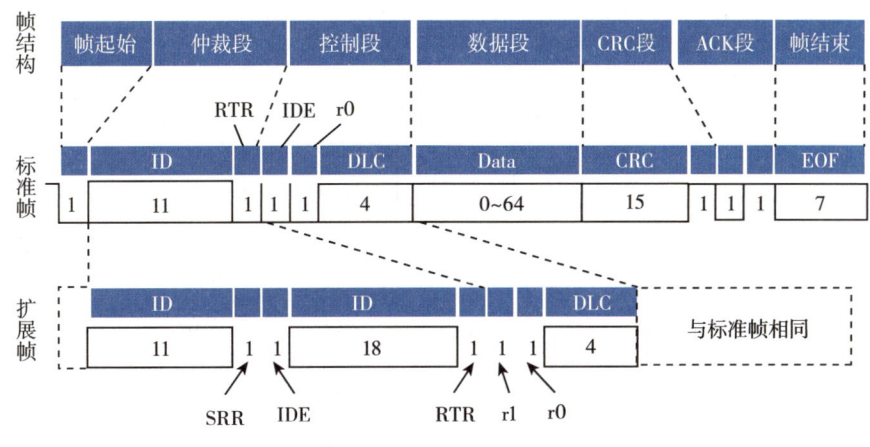

图 2-12 CAN 总线数据帧

(1) 帧起始

由 1 个显性位（低电平）组成，发送节点发送帧起始，其他节点同步于该帧起始（见图 2-13）。

(2) 帧结束

由 7 个隐性位（高电平）组成。

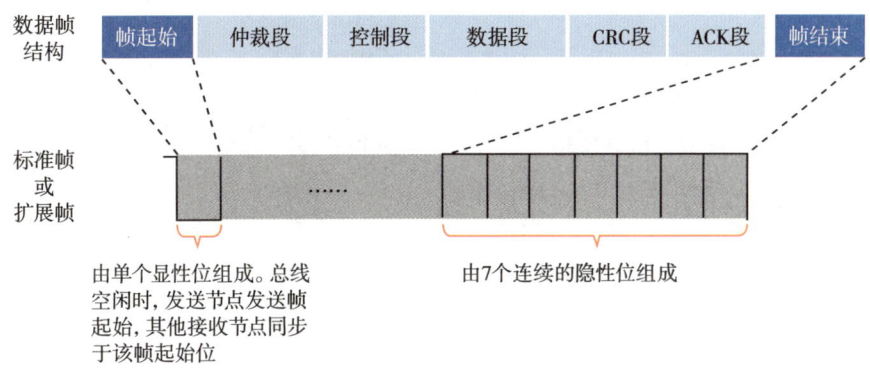

图 2-13 数据帧起始和帧结束

(3) 仲裁段

只要总线空闲，总线上任何节点都可以发送报文，如果有两个或两个以上的节点开始传送报文，那么就会存在总线访问冲突的可能。CAN 使用标识符的逐位仲裁方法解决了这个问题。

CAN 总线控制器在发送数据的同时监控总线电平，如果电平不同，则停止发送并做其他处理。如果该位位于仲裁段，则退出总线竞争；如果位于其他段，则产生错误事件。

从该分析过程得出结论：帧 ID 值越小，优先级越高（见图 2-14）。

对于同为扩展格式数据帧、标准格式远程帧和扩展格式远程帧的情况同理。

由于数据帧的 RTR 位为显性电平，远程帧为隐性电平，所以帧格式和帧 ID 相同的情假设节点A、B和C都发送相同格式、相同类型的帧，如标准格式数据帧，它们竞争总线的过程如下：

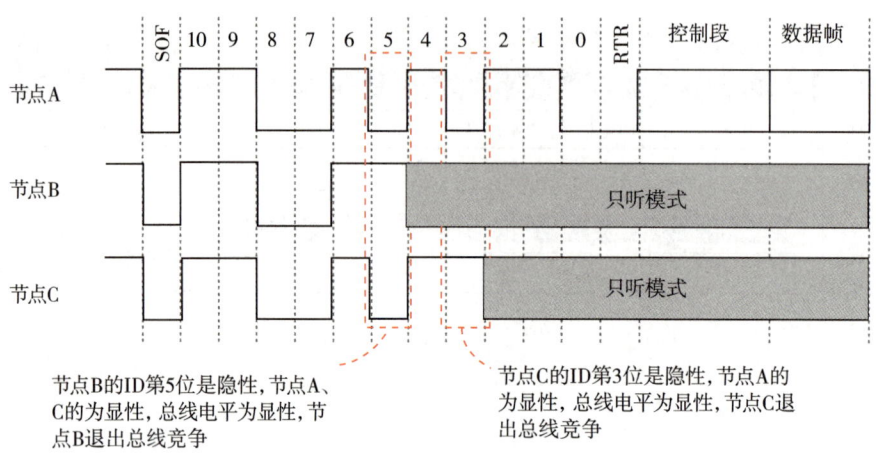

图 2-14　数据帧仲裁段

况下，数据帧优先于远程帧；由于标准帧的 IDE 位为显性电平，扩展帧的 IDE 位为隐性电平，对于前 11 位 ID 相同的标准帧和扩展帧，标准帧优先级比扩展帧高（见图 2-15）。

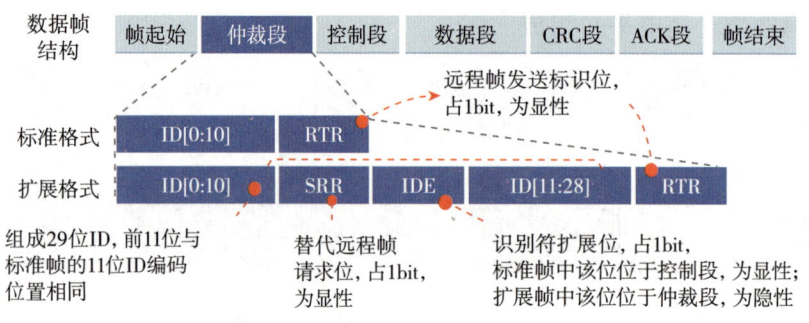

图 2-15　数据帧仲裁段格式

（4）控制段

控制段共 6 位，标准帧的控制段由标识符扩展位（IDE）、保留位（r0）和数据长度代码（DLC）组成；扩展帧的控制段则由 IDE、r1、r0 和 DLC 组成（见图 2-16）。

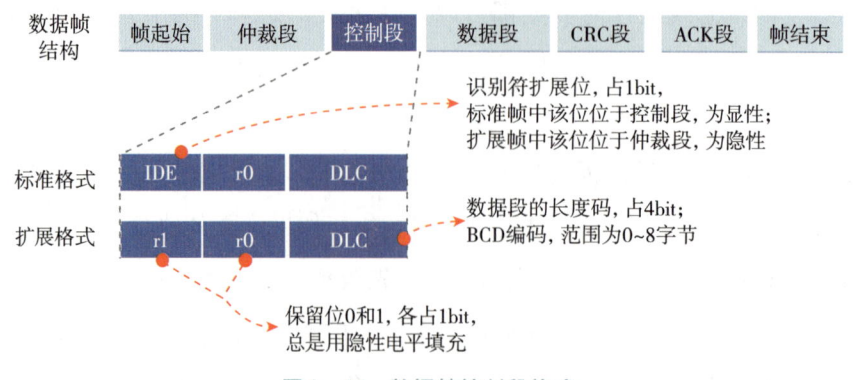

图 2-16　数据帧控制段格式

(5) 数据段

1个数据帧传输的数据量为0~8个字节，这种短帧结构使得CAN-BUS实时性很高，非常适合汽车和工控应用场合（见图2-17）。

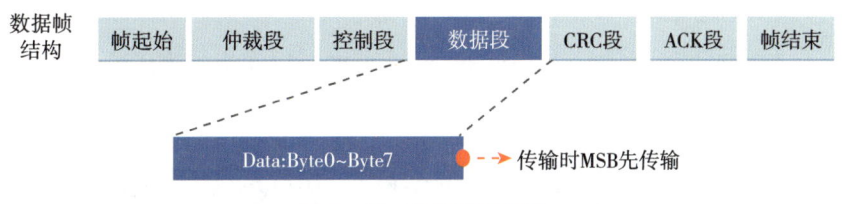

图2-17 数据帧数据段

数据量小，发送和接收时间短，实时性高，被干扰的概率小，抗干扰能力强。

(6) CRC段

CAN-BUS使用CRC校验进行数据检错，CRC校验值存放于CRC段。CRC校验段由15位CRC值和1位CRC界定符构成（见图2-18）。

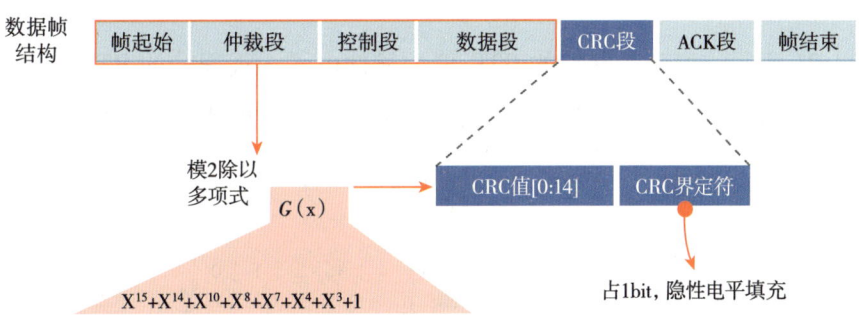

图2-18 数据帧CRC段

(7) ACK段

当一个接收节点接收的帧起始到CRC段之间的内容没发生错误时，它将在ACK段发送一个显性电平，如图2-19所示。

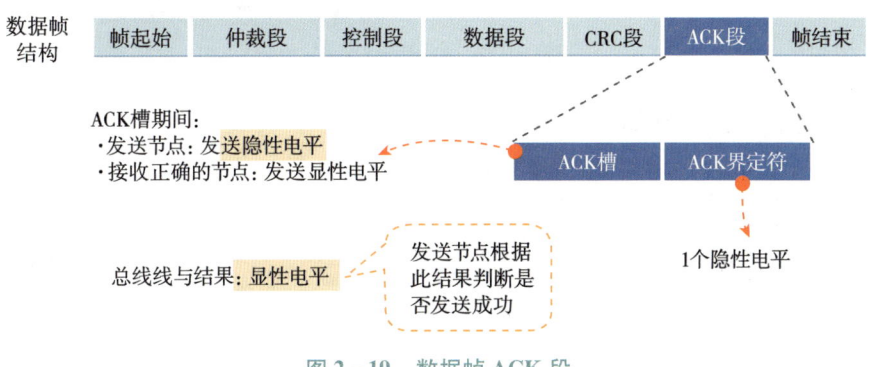

图2-19 数据帧ACK段

2. 远程帧

与数据帧相比，远程帧结构上无数据段，由 6 个段组成，同理分为标准格式和扩展格式，且 RTR 位为逻辑 1（隐性电平）（见图 2-20）。

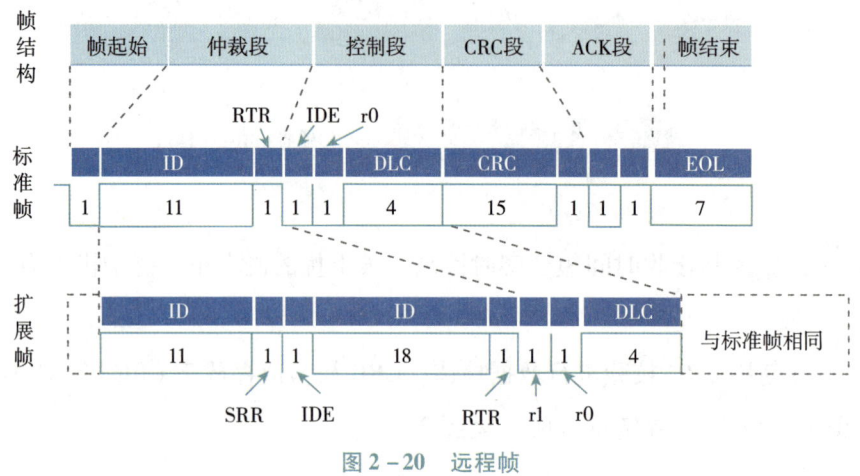

图 2-20 远程帧

如图 2-21 所示，由于数据帧的 RTR 位为显性电平，远程帧的 RTR 位为隐性电平。所以帧格式和帧 ID 都相同的情况下，数据帧的优先级比远程帧优先级高。

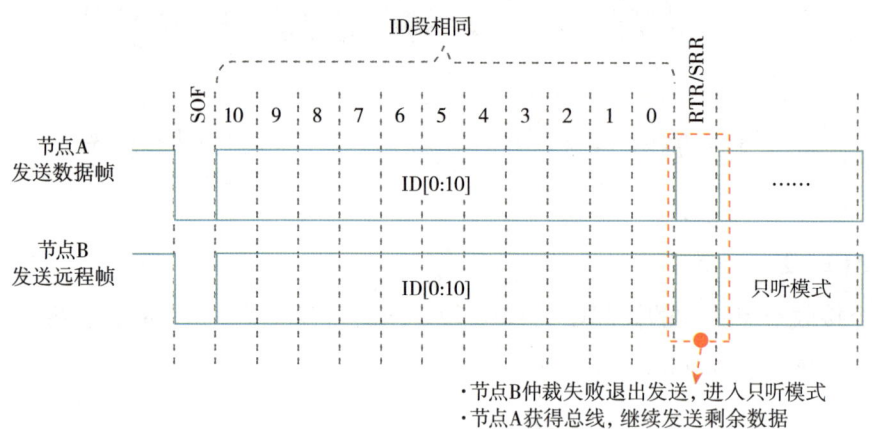

图 2-21 数据帧优先级

数据帧与远程帧的区别如表 2-1 所示。

表 2-1 数据帧与远程帧的区别

比较内容	数据帧	远程帧
ID	发送节点的 ID	被请求发送节点的 ID
SRR	0（显性电平）	1（隐性电平）
RTR	0（显性电平）	1（隐性电平）
DLC	发送数据长度	请求的数据长度

续表

比较内容	数据帧	远程帧
是否有数据段	是	否
CRC 校验范围	帧起始 + 仲裁段 + 控制段 + 数据段	帧起始 + 仲裁段 + 控制段

3. 错误帧

尽管 CAN – BUS 是可靠性很高的总线，但依然可能出现错误。CAN – BUS 的错误类型共有 5 种（见图 2 – 22）。

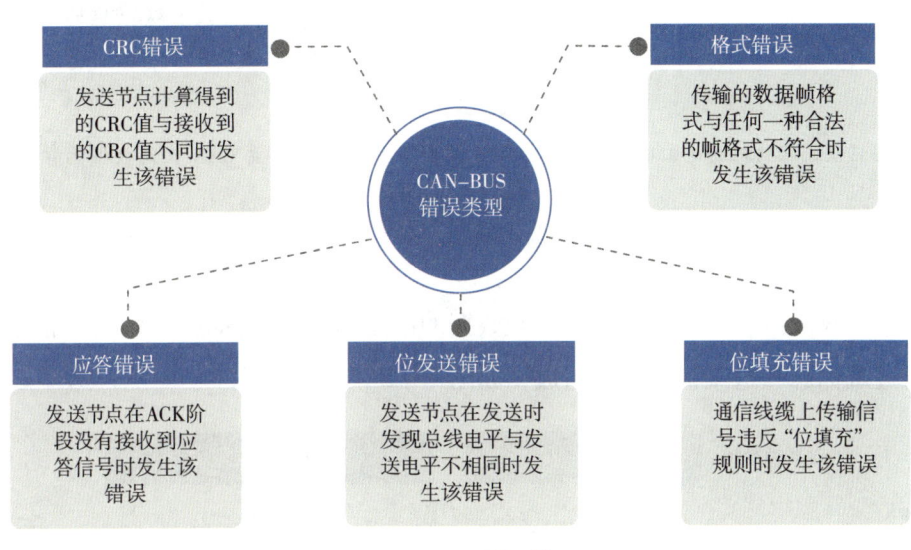

图 2 – 22　错误帧

当出现 5 种错误类型之一时，发送节点或接收节点将发送错误帧。错误帧的结构如图 2 – 23 所示，其中错误标识分为主动错误标识和被动错误标识。

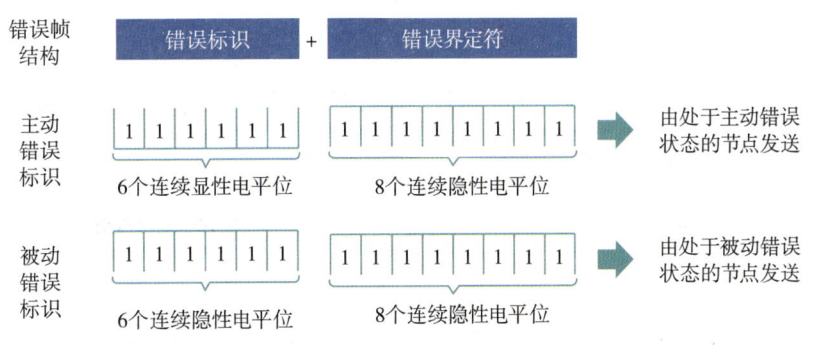

图 2 – 23　错误帧结构

为防止自身由于某些原因无法正常接收的节点一直发送错误帧，干扰其他节点通信，CAN – BUS 规定了节点的 3 种状态及其行为，如图 2 – 24 所示。

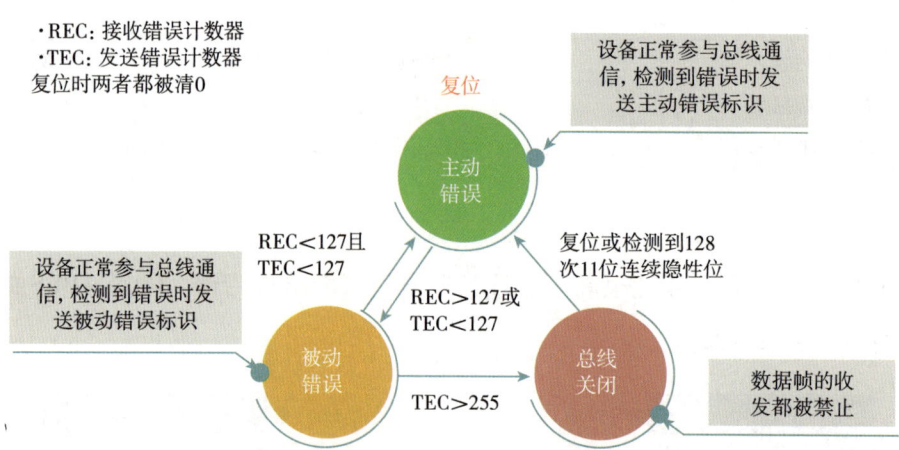

图 2-24　CAN 总线节点 3 种行为

注：这些错误处理的机制是由硬件自主完成的，这样做的目的是只要 CAN 收到数据就肯定是正确的数据。

4. 过载帧

当某个接收节点没有做好接收下一帧数据的准备时，将发送过载帧以通知发送节点。过载帧由过载标志和过载帧界定符组成，如图 2-25 所示。

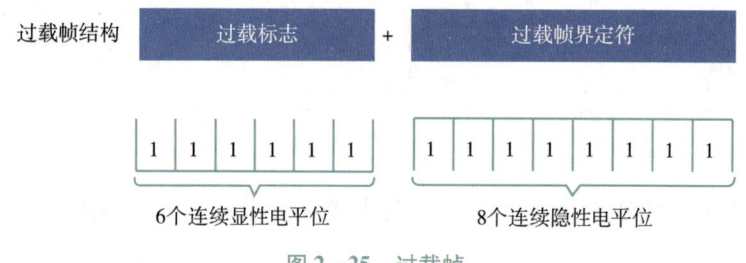

图 2-25　过载帧

5. 帧间隔

帧间隔用于将数据帧或远程帧和它们之前的帧分离开，但过载帧和错误帧前面不会插入帧间隔（见图 2-26）。

图 2-26　帧间隔

帧间隔过后，如果无节点发送帧，则总线进入空闲（见图 2-27）。

图 2-27　总线空闲

帧间隔过后，如果被动错误节点要发送帧，则先发送 8 个隐性电平的传输延迟，再发送帧（见图 2-28）。保证主动错误节点优先发送，避免被动错误节点因硬件故障干扰整个网络。

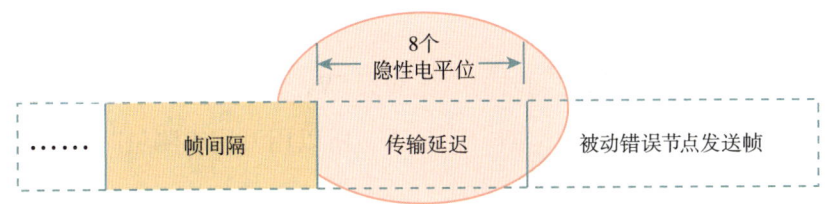

图 2-28　被动错误节点发送帧

6. 发送流程

报文发送流程见图 2-29。

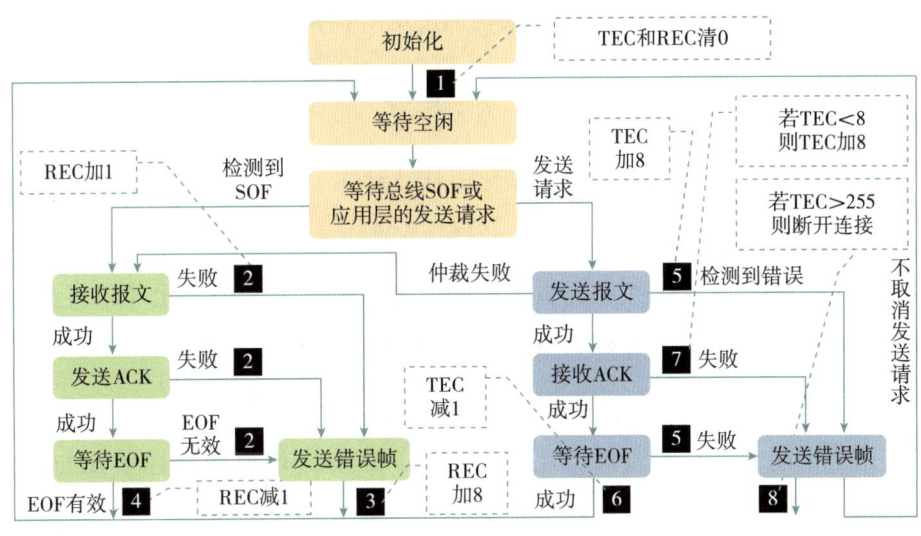

图 2-29　报文发送流程

八、CAN 总线的万用表检测方法

（一）高速 CAN 总线检测

CAN-H 信号在总线空闲时的电压约为 2.5V，总线上有信号传输时电压值在 2.5~3.5V 高频波动，因此 CAN-H 的主体电压应是 2.5V，所以用万用表测量时的测量值为 2.5~3.5V，大于 2.5V 但接近 2.5V。万用表测量时通常为 2.6~2.7V。

同理，CAN-L 信号在总线空闲时的电压约为 2.5V，总线上有信号传输时电压值在 1.5~2.5V 高频波动，因此 CAN-L 的主体电压应是 2.5V，所以用万用表测量时的测量值为 1.5~2.5V，小于 2.5V 但接近 2.5V。万用表测量时通常为 2.3~2.4V。

（二）低速 CAN 总线检测

低速 CAN–H 的信号在总线空闲时的电压约为 0，总线上有信号传输时电压值在 0~5V 高频波动，因此 CAN–H 的主体电压应是 0，所以用万用表测量时的测量值为 0.35V 左右。

同理，CAN–L 信号在总线空闲时的电压约为 5V，总线上有信号传输时电压值在 0~5V 高频波动，因此 CAN–L 的主体电压应是 5V，所以用万用表测量时的测量值为 4.65V 左右。

（三）高速 CAN 总线终端电阻的检测

终端电阻的测量步骤如下：

（1）将蓄电池负极接线柱上的导线（电缆）拆下。

（2）等待大约 5min，直到所有控制模块内的电容器都充分放电。

（3）用万用表红黑表笔分别连接 CAN–H 和 CAN–L 端子，测量 CAN 总线终端电阻的总阻值并做好记录。

（4）将一个带有终端电阻的电控单元线束插头拔下，观察终端电阻的总阻值是否发生变化。

（5）将上一个电控单元的线束插头连接好，再将第二个电控单元（带有终端电阻的电控单元）的线束插头拔下，观察终端电阻的总阻值是否发生变化。

（6）分析测量结果。

注意：对总的阻值进行测量后，还需要将一个带有终端电阻电控单元的插头拔下，进行两次单个电阻的测量。如果电控单元被拔下后阻值发生了变化，则说明两个阻值都正常。

如果将一个带有终端电阻的电控单元的线束插头拔下后，测量得到的阻值没有发生变化，则说明系统中存在问题。可能是被拔除的电控单元的终端电阻损坏，或者是 CAN 总线出现断路。如果在拔除电控单元后显示的阻值变为无穷大，可能是未被拔除的电控单元的终端电阻损坏，或者是到该电控单元的 CAN 总线导线出现断路故障。

九、网络管理

为了节省电能和当总线中某控制单元出现故障时不致于使蓄电池亏电，对总线系统设置了睡眠模式。当系统处于睡眠模式时，高速 CAN 总线电压均为 0V；低速 CAN 总线 CAN–H 线上的电压为 0V，CAN–L 线上的电压为 12V，而且警报灯开关上的照明灯熄灭。只有关闭点火开关锁车（30s），全车才可进入睡眠模式，但防盗、遥控、状态 LED 都起作用，一旦开门，则总线被唤醒，睡眠模式解除。

在新能源汽车中，电能管理尤为关键，因为车辆的续航能力和性能在很大程度上取决于电池的电量管理。网络管理作为电能管理的一部分，其核心目标是通过智能控制 ECU 的睡眠和唤醒状态来节省电能。以下是对网络管理省电机制、休眠唤醒机制以及不同唤醒方式的详细说明。

（一）网络管理省电机制

1. ECU 工作模式

Working 模式：正常工作模式，能耗较高。

Sleep 模式：待机状态，大部分功能停止，能耗较低。

Boot 模式：用于 ECU 固件升级。

2. 网络管理策略

通过 CAN 通信、FlexRay 或以太网等网络，实现 ECU 间的协同睡眠和唤醒。

在无通信需求时，ECU 进入 Sleep 模式；在需要通信时，ECU 被唤醒。

（二）休眠唤醒机制

1. 硬线唤醒

通过电压或电流变化唤醒控制器，如 KL15 点火信号。

系统架构包括 CPU、SBC、CAN 收发器等，通过 KL15 信号控制 SBC、CPU 的电源状态（见图 2-30）。

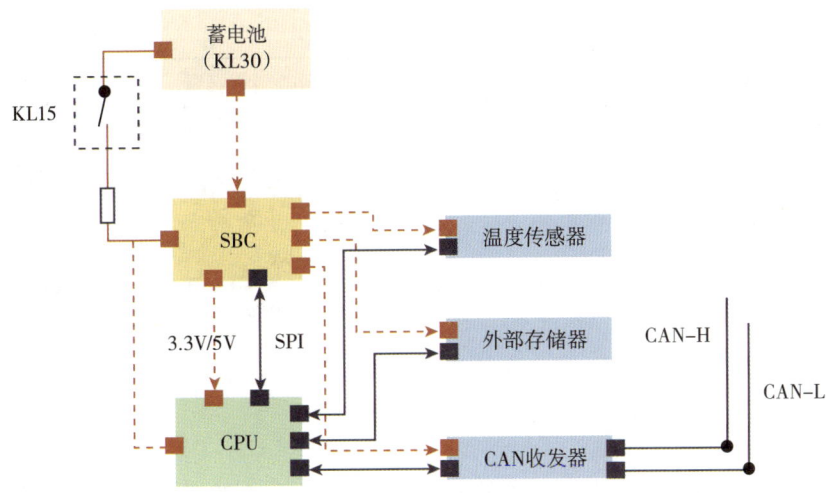

图 2-30　硬线唤醒原理

2. 网络唤醒

CAN 收发器通过 DCDC 和 KL30 连接，检测到网络唤醒报文后唤醒 SBC（见图 2-31）。

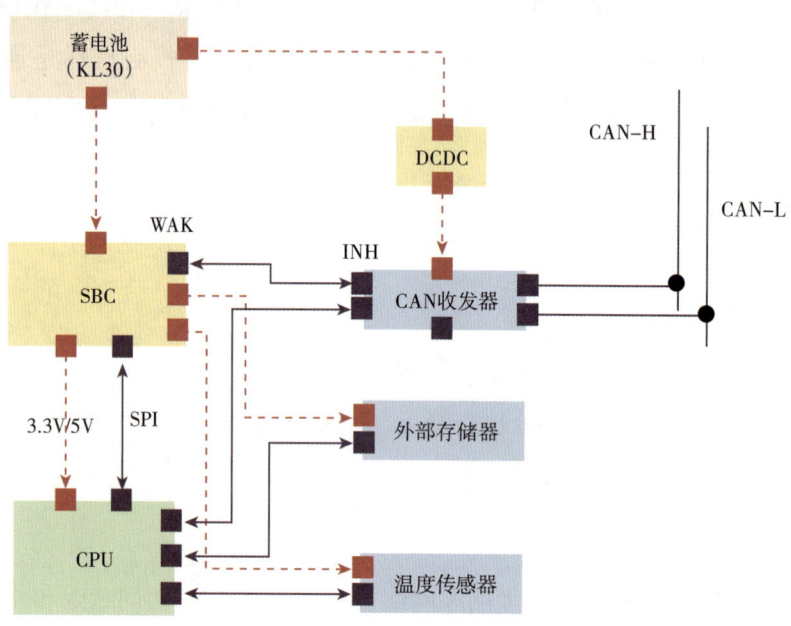

图 2-31　网络唤醒原理

3. RTC 唤醒

RTC 唤醒（Real – Time Clock Wakeup）：预定时间点或间隔后唤醒控制器（见图 2-32）。

应用场景：用于定时操作，如 BMS 的电池状态监测和数据记录。

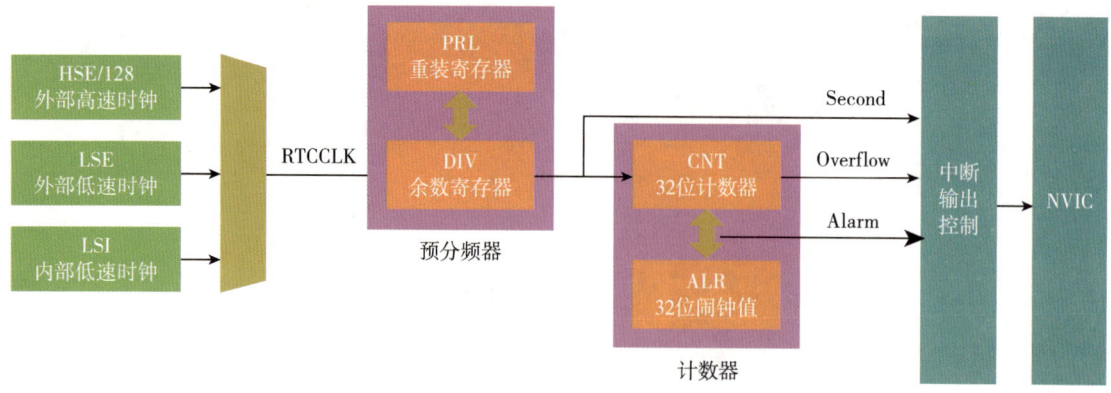

图 2-32　RTC 唤醒原理

4. 唤醒方式细分

唤醒帧（Wake – up Frame）：特殊的 CAN 数据帧，包含唤醒标识符和控制信息。

连续监听（Continuous Listening）：节点持续监听 CAN 总线，监听唤醒帧或其他报文。

（三）实际应用示例

1. 锁车休眠后充电

CP 硬线信号唤醒 OBC；

OBC 通过 CAN 网络唤醒 BMS 等控制器；

实现交流充电功能。

2. 充电休眠唤醒应用

（1）电动汽车为何会进入休眠状态？

目的：避免长时间停放导致的电能损耗，确保车辆第二天仍有足够的电量使用。

状态：控制器进入低功耗休眠状态，仅保持基本的监测功能。

（2）进入休眠状态后为何无法充电？

控制器休眠：OBC、VCU、BMS 等关键控制器进入休眠状态。

功能限制：休眠状态下，车辆无法响应连续反复的充电启动指令。

3. 如何判断是否进入休眠状态

（1）未休眠状态：车辆正常工作，可以进行充电操作。充电枪插入电动汽车插座内，插座上方指示灯全部点亮，仪表盘上插枪标志被点亮（见图 2-33）。

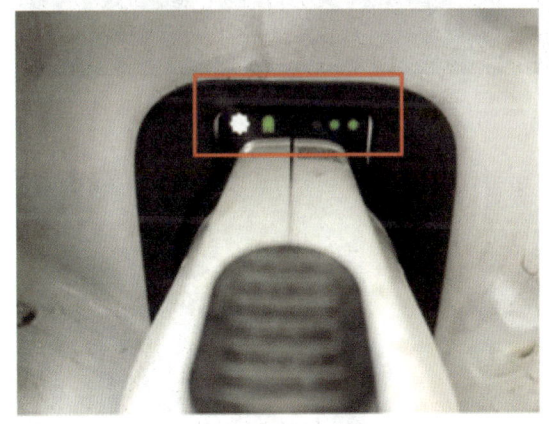

图 2-33 未休眠状态

（2）休眠状态：车辆控制器关闭，可能伴有特定的指示灯或声音提示。电动汽车插座上方指示灯全部熄灭，车内仪表盘插枪标志熄灭（见图 2-34）。

4. 遇到车辆休眠情况该如何应对

（1）重新插拔充电枪：插拔充电枪后，车辆指示灯亮起，仪表盘显示插枪标志，表

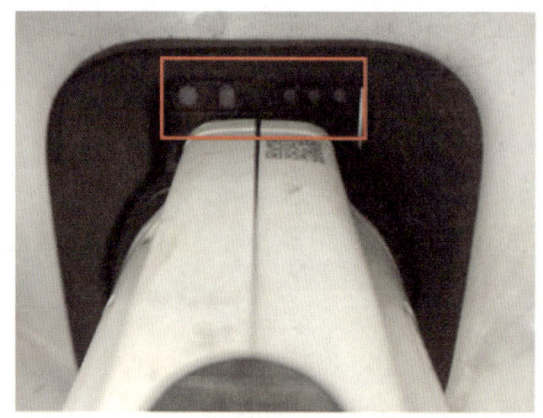

图 2-34 休眠状态

明车辆被唤醒（见图 2-35）。

（2）重新启动电动汽车：启动车辆，唤醒所有休眠的控制器，然后立即启动充电（见图 2-36）。

图 2-35 充电枪唤醒车辆　　　　图 2-36 启动唤醒车辆

（3）远程唤醒：使用手机等远程设备，通过 4G 或蓝牙等方式唤醒车辆（见图 2-37）。

技能演练

一、操作准备

准备演练所需要的工具仪器和设备，包括万用表、诊断仪、示波器、整车、维修手册、充电机、导线、保险丝、继电器、世达工具套装等。

图 2-37 远程唤醒

二、CAN 总线系统的故障检修

当 CAN 总线发生故障或数据传输异常时,往往会出现多种奇怪的故障现象,如仪表板显示异常,车辆无法启动,启动后无法熄灭,车辆动力性能下降,某些电控系统功能丧失等。这是因为相关数据或信息是通过 CAN 总线传输的,如果传输失败,那么会产生多种连带故障,甚至造成整个网络系统瘫痪。

在检修过程中,首先应查看具体的故障症状,根据故障症状和网络结构图来初步分析可能是哪些原因造成的,然后使用相关的诊断仪器进行诊断,根据诊断结果制订相关检修方案,做到心中有数,目标明确。

接着查找具体的故障部位和原因,同时结合相应的检测方法和测量结果找到故障点,从而彻底排除故障。

由于 CAN 网络采用多种协议,每个控制模块的端口在正常的情况下都有标准电压,因此电压测量法或波形法可用于判断线路是否有对地或电源短路、相线间短路等问题。

(一)高速 CAN 总线常见故障检修

1. 检测位置

为了确定 CAN-H 或 CAN-L 导线是否损坏或信号是否正常,可以测量其对地电压(平均电压)。测量点通常在 OBD 诊断座处,如图 2-38 所示。

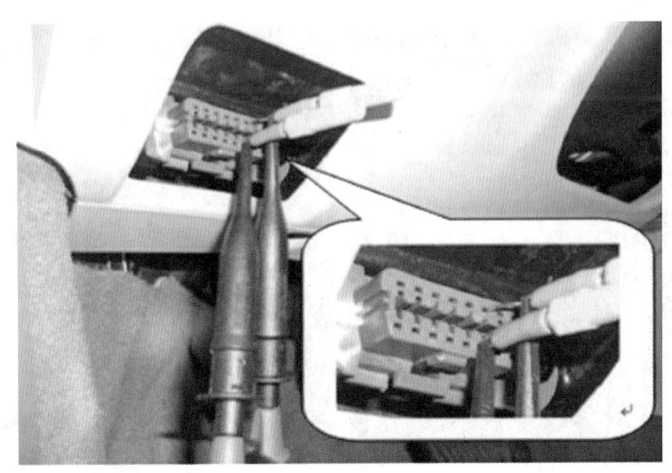

图 2-38 CAN 测量位置

大众车系 OBD 诊断座的 6 号针脚连接诊断 CAN-H 导线,14 号针脚连接诊断 CAN-L 导线。新能源汽车诊断接口上连接有多组 CAN 总线,如广汽传祺诊断接口的针脚含义如图 2-39 所示。

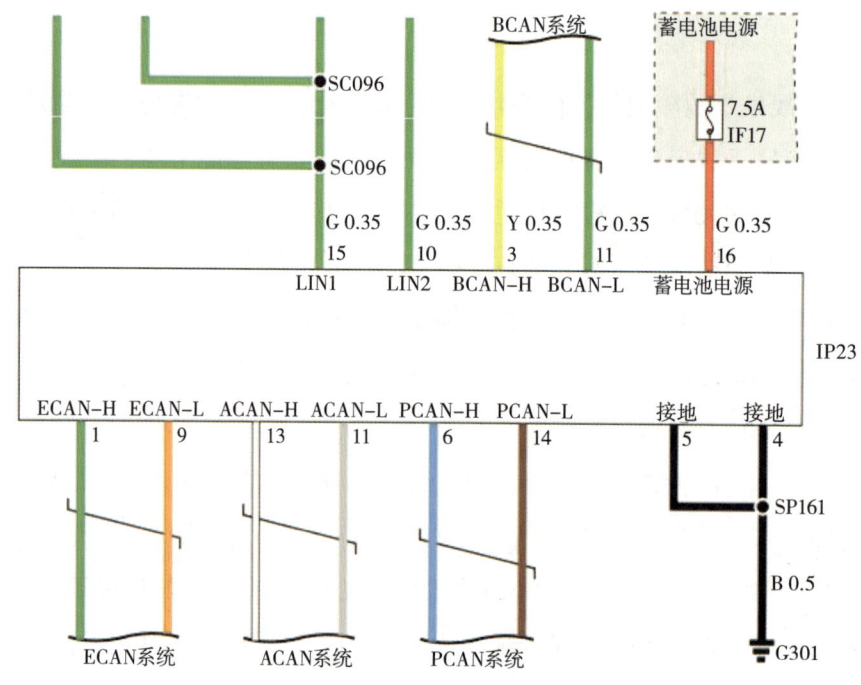

图 2-39 广汽传祺诊断座电路

2. 标准参数

正常情况下，当 CAN 总线被唤醒后，CAN-H 对地电压约为 2.656V，CAN-L 对地电压约为 2.319V，而且两者相加为 4.975V（见图 2-40）。

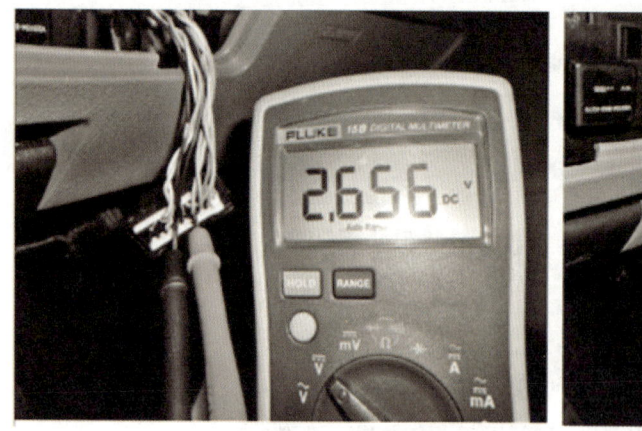
正常的CAN-H电压

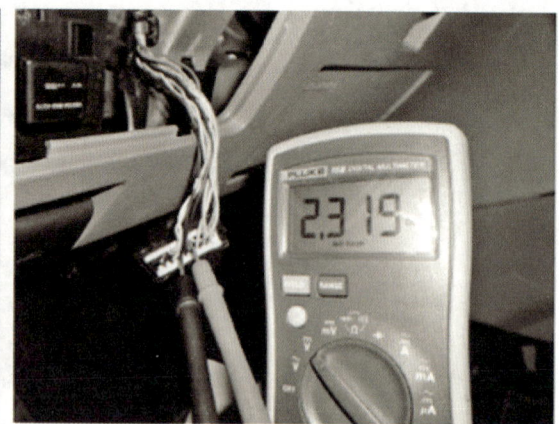
正常的CAN-L电压

图 2-40　高速 CAN 总线电压

3. 常见故障

CAN 总线故障通常的原因有 CAN 线短路、相互接反、断路。

（1）短路

①高速 CAN – H 和 CAN – L 互短。

二者波形重合（见图 2 – 41）。

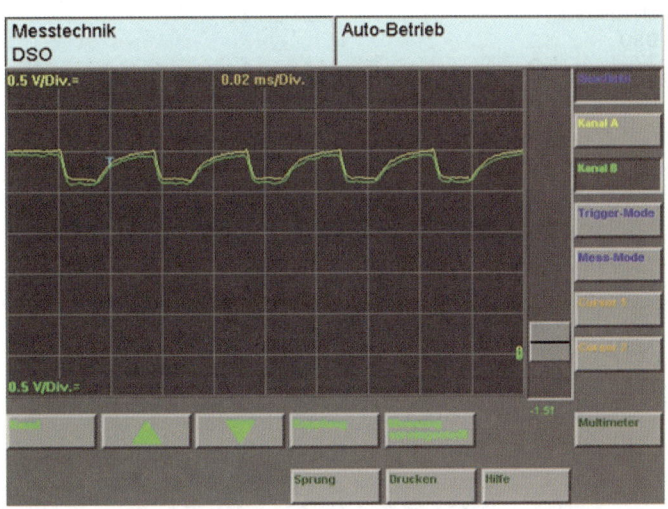

图 2 – 41　CAN 总线互短

当两者相互短路之后，CAN 电压电位置于隐性电压值（约 2.5V）。实际测量两条 CAN 导线的电压，会发现始终在 2.5V 左右，基本不变化，如图 2 – 42 所示。

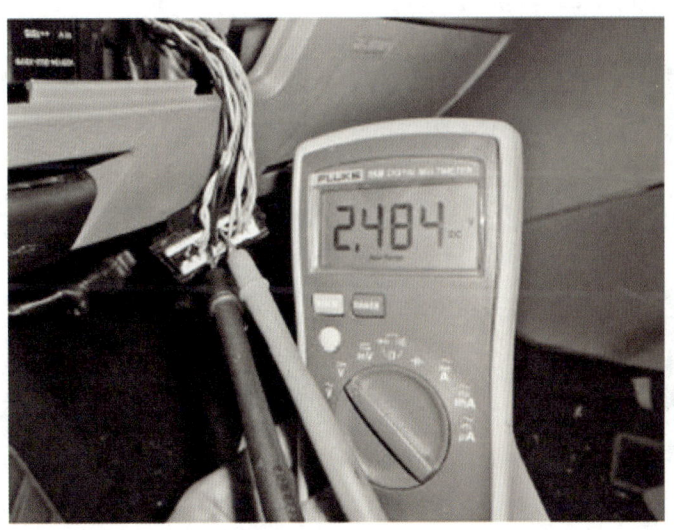

图 2 – 42　CAN 总线互短电压值

故障排除方法：通过插拔 CAN 总线上的控制模块（节点），可以判断是由节点引起的短路还是由导线连接引起的短路。

逐个断开节点，若电压恢复正常，则说明该节点有问题。若断开所有节点后电压还是没有变化，则说明线路短路。

②CAN-H 对正极短路。

CAN-H 导线波形为 12V 直线,CAN-L 导线的隐性电压被置于接近 12V,且有明显的幅度变化(见图 2-43)。

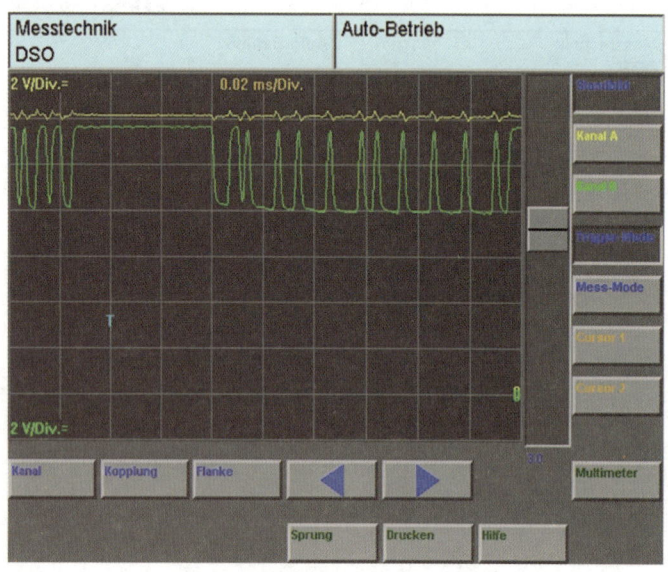

图 2-43 CAN-H 对正极短路

实际测量电压,若 CAN-H 电压约为 12V,CAN-L 电压被置于约 11V 处,则说明出现此类故障(见图 2-44、图 2-45)。

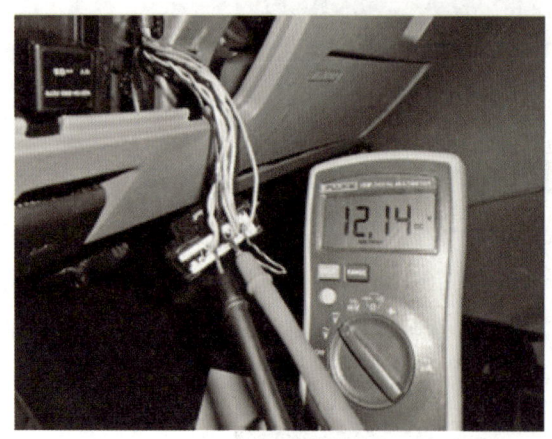

图 2-44 CAN-H 对正极短路的 CAN-H 电压

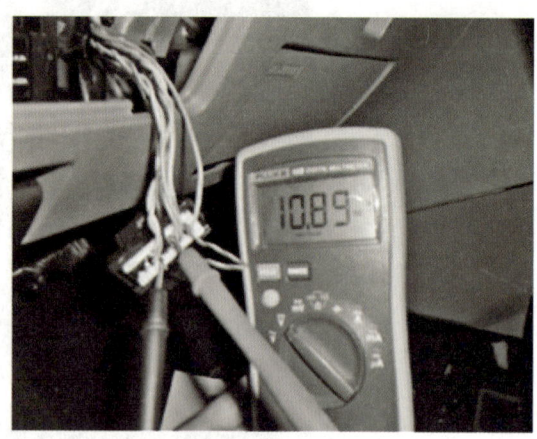

图 2-45 CAN-H 对正极短路的 CAN-L 电压

故障原因:如果不是 CAN-H 导线对外部电源短路引起的,就有可能是控制模块内部造成的。故障查找方法同上。

③CAN-H 对地短路。

CAN-H 波形为 0V 直线,CAN-L 波形也向 0V 靠近。可是在 CAN-L 线上还能看到一小部分的电压变化(见图 2-46)。

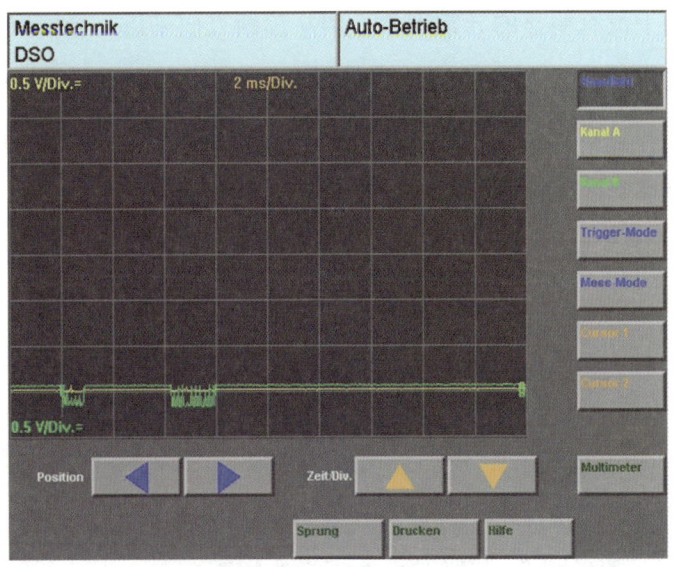

图 2-46 CAN-H 对地短路

实际测量电压，若 CAN-H 电压为 0V，CAN-L 电压接近 0V，且无断路问题，则说明出现此类故障（见图 2-47、图 2-48）。

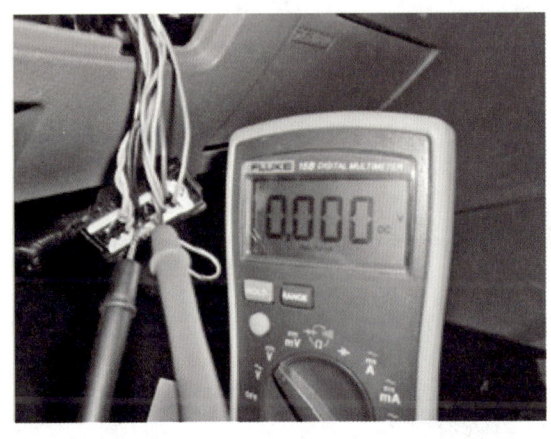

图 2-47 CAN-H 对地短路的 CAN-H 电压

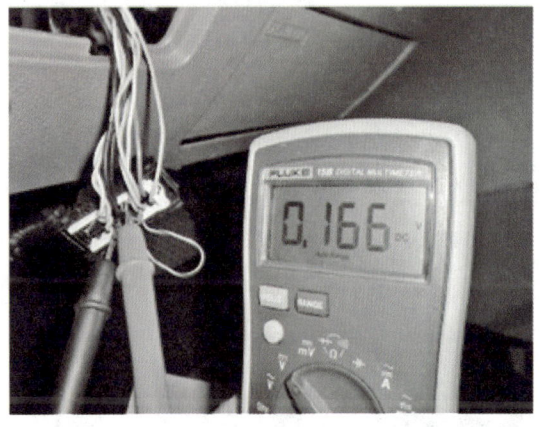

图 2-48 CAN-H 对地短路的 CAN-L 电压

故障原因：如果不是 CAN-H 导线对外部地线短路引起的，就可能是控制模块内部损坏造成的。故障查找方法同上。

④CAN-L 对地短路。

CAN-L 的电压大约为 0V，CAN-H 的隐性电压也接近 0V，但有明显的波形幅度变化，显示单线容错模式。

当出现 CAN-L 对地短路故障时，根据 CAN 总线的容错特性，可能出现整个 CAN 网络无法通信的情况或产生相关故障码。

但是对于某些车系，其 CAN-L 对地短路的容错特性较好，车辆基本能够正常使用，即在客户体验层面上没有明显的异常现象,但从诊断方面来讲,会影响网络传输速度。

此时 CAN-L 电压约为 0V,CAN-H 的隐性电压接近 0V,但显性电压基本不变,因此波形被拉长,依然可以传输数据,由此可说明 CAN-L 对地短路容错特性较好的原因。CAN-L 对地短路的总线波形如图 2-49 所示。

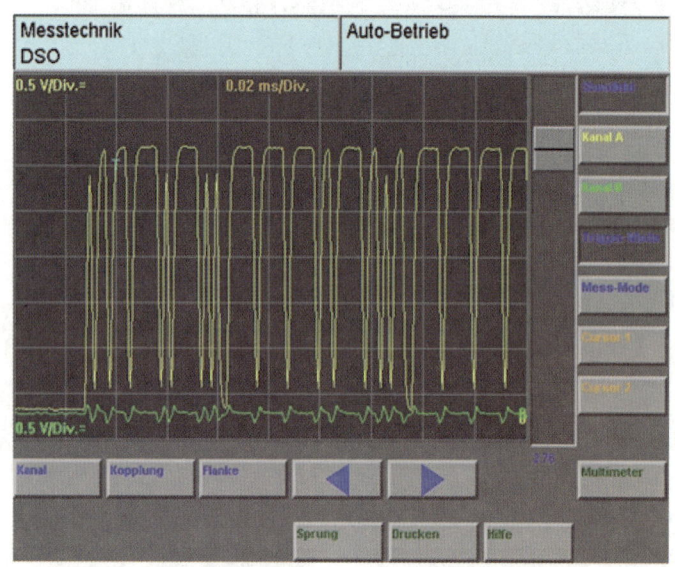

图 2-49　CAN-L 对地短路

实际测量 CAN 导线电压,若 CAN-L 电压为 0V,CAN-H 为 1V 左右,则说明出现此类故障(见图 2-50、图 2-51)。

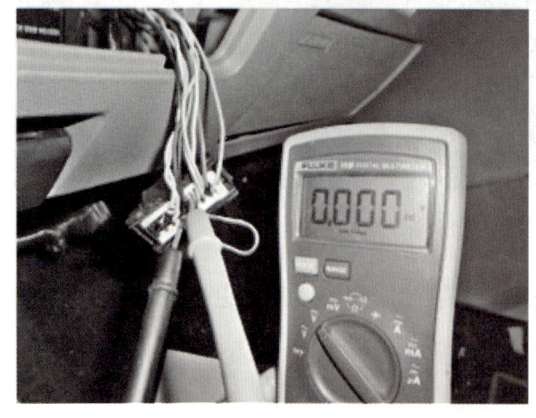 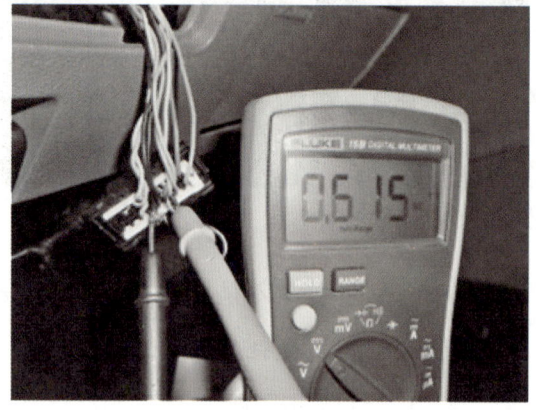

图 2-50　CAN-L 对地短路的 CAN-L 电压　　　　图 2-51　CAN-L 对地短路的 CAN-H 电压

故障原因:如果不是 CAN-L 导线对外部地线短路引起的,就有可能是控制模块内部的 CAN 收发器损坏造成的。故障查找方法同上。

⑤CAN-L 对正极短路。

当出现 CAN-L 对电源(正极)短路时,根据 CAN 总线的容错特性,可能出现整个

CAN 网络无法通信的情况或产生相关故障码。

由于 CAN-L 对电源短路，因此 CAN-H 波形呈 12V 直线。CAN-L 总线波形呈接近于电源电压的直线状态。如图 2-52 所示。

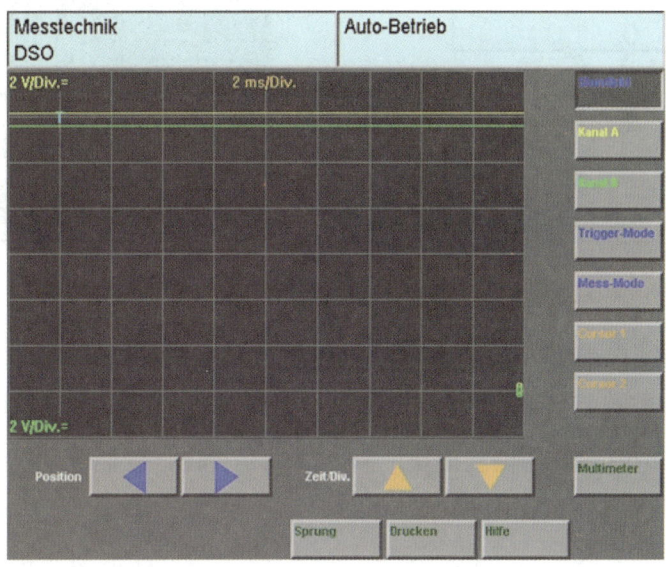

图 2-52　CAN-L 对正极短路

实际测量 CAN 导线的电压，若 CAN-L 电压为 +B（蓄电池电压），CAN-H 电压稍微小于电源电压，则说明出现此类故障（见图 2-53、图 2-54）。

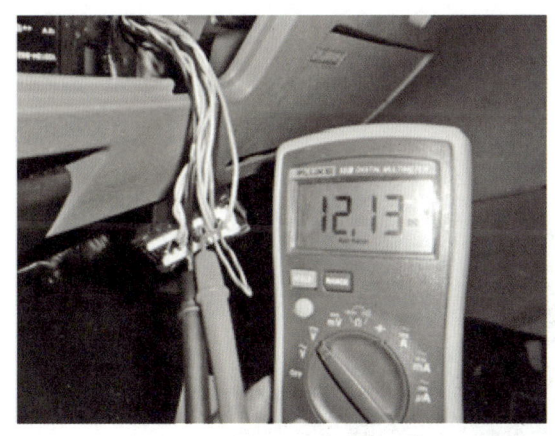 

图 2-53　CAN-L 对正极短路的 CAN-L 电压　　　图 2-54　CAN-L 对正极短路的 CAN-H 电压

故障原因：如果不是 CAN-L 导线对外部电源短路引起的，就有可能是控制模块内部的 CAN 收发器损坏造成的。故障查找方法同上。

（2）相互接反

当出现 CAN-L 与 CAN-H 导线互相接反这种故障时，一般情况下，接错的那个控制模块将无法通信，其他控制模块的通信则正常。CAN-L 与 CAN-H 导线互相接反的示意图如图 2-55 所示。

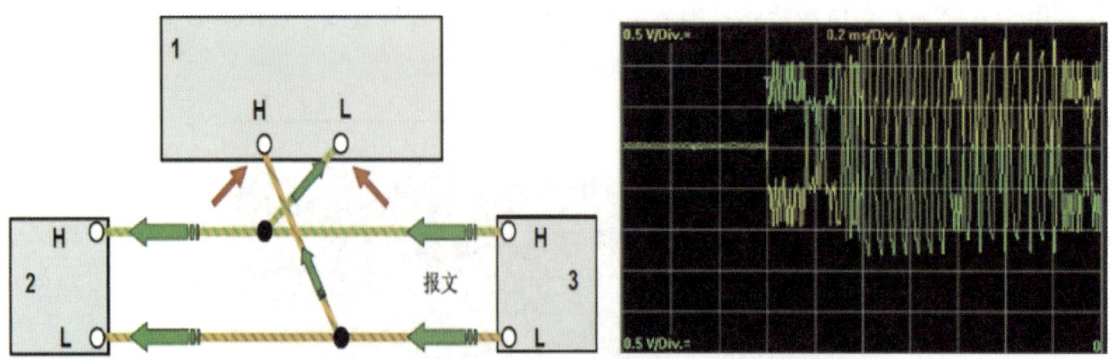

图 2-55　CAN-L 与 CAN-H 相互接反

在怀疑有问题的控制模块的 CAN 导线针脚处测量其电压，验证电压是否正常。结合 CAN 网络图核对线路连接情况，判断是否存在这种故障。若存在，则对 CAN 网络进行修复。替换有故障码内容涉及的控制模块，判断故障是否由该控制模块造成。

（3）断路

当某个控制模块 CAN-H/CAN-L 导线断路时，会导致该控制模块无法实现通信，但其他控制模块的通信还是有的，在其他的控制模块可能读到此故障模块的故障码。如果多个控制模块的 CAN-H 导线出现断路，那么这些控制模块的通信功能都会受到影响。

① CAN-H 断路。

分析过程：驱动 CAN-H 断路，向上跳动的波形存在部分缺失现象，但 CAN-H 和 CAN-L 相互绞在一起，相互感应产生叠加波形，导致 CAN-H 波形比正常波形变化幅度大（见图 2-56）。

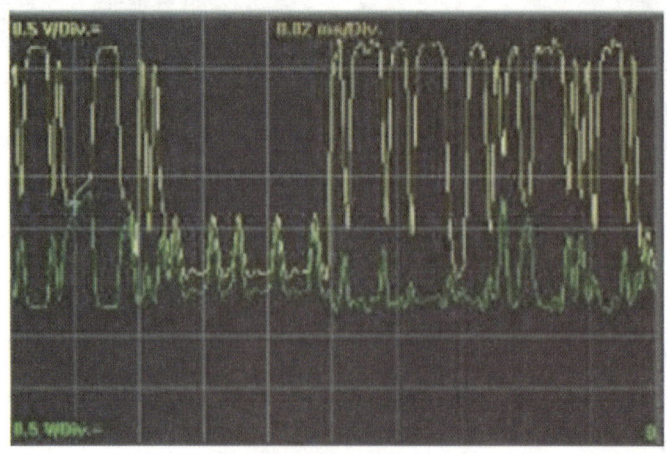

图 2-56　CAN-H 断路

结论:某驱动控制单元 CAN-H 断路,导致高速 CAN 中正常波形与不正常波形同时存在。

②CAN-L 断路。

分析过程:驱动 CAN-L 断路,向下跳动的波形存在部分缺失现象,但 CAN-H 和 CAN-L 相互绞在一起,相互感应产生叠加波形,导致 CAN-L 波形比正常波形变化幅度大(见图2-57)。

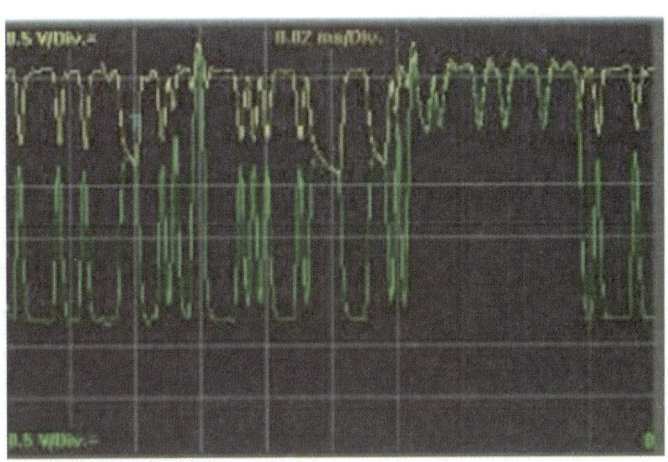

图 2-57　CAN-L 断路

结论:某驱动控制单元 CAN-L 断路,导致驱动 CAN 中正常波形与不正常波形同时存在。

如果出现故障的控制模块带有终端电阻,可以用电阻测量法来判断。测量诊断接口的 CAN-H 与 CAN-L 之间的电阻,若变为120Ω,则说明有一个终端电阻断路。如果出现故障的控制模块不带终端电阻,那么需要测量该控制模块的支路部分 CAN 导线的导通性。

替换有故障码内容涉及的控制模块,可以快速判断故障是否由该控制模块本身造成。此外,要结合网络图来查找断点,因为在整个网络中会设置相应的总线集线器,断点部位不同,受影响的部件也不同,同时会决定诊断仪能够进行诊断的控制模块。

(二) 低速 CAN 总线故障检修

1. 检测位置

诊断座或方便测量位置。

2. 标准参数

正常情况下,当低速 CAN 总线唤醒后,CAN-H 对地电压约为 0.656V,CAN-L 对地电压约为 4.319V，而且两者相加约为 5V。

3. 故障类型

低速 CAN 总线常见故障有断路、短路故障。

（1）断路

①CAN-L 断路。

信号波形如图 2-58 所示。CAN-H 线的电压正常，CAN-L 线为 5V 的隐性电压和一个 bit 长的 1V 显性电压，单线模式工作。

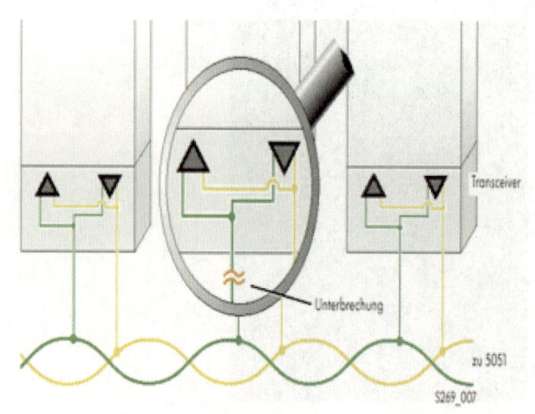
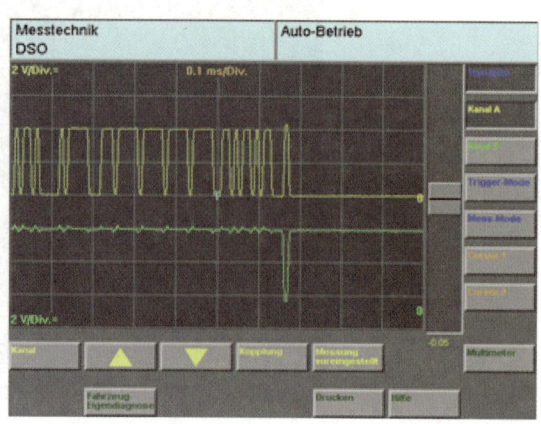

图 2-58 CAN-L 断路

②CAN-H 断路。

信号波形如图 2-59 所示。CAN-L 线的电压正常，CAN-H 线为 0V 的隐性电压和一个 bit 长的 4V 显性电压，单线模式工作。

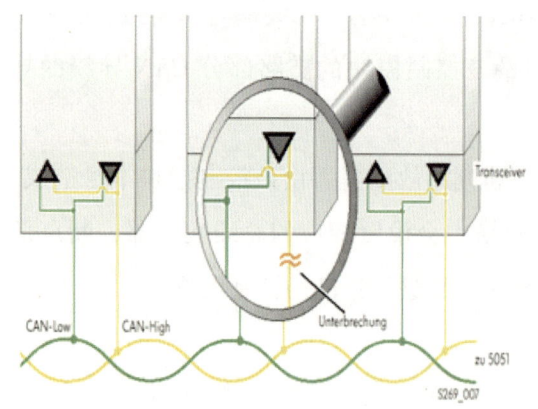
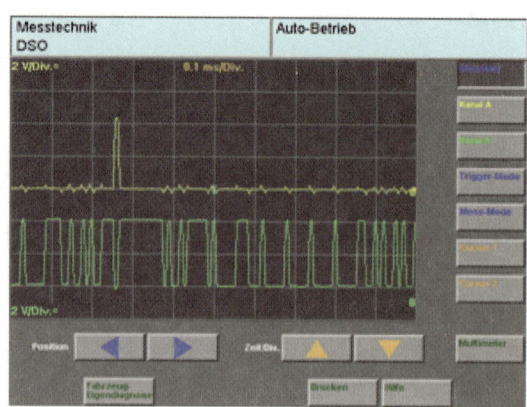

图 2-59 CAN-H 断路

（2）短路

①CAN-H 与正极短接。

CAN-H 线的电压约为蓄电池电压，CAN-L 线的电压正常，单线模式工作。如

图2-60所示。

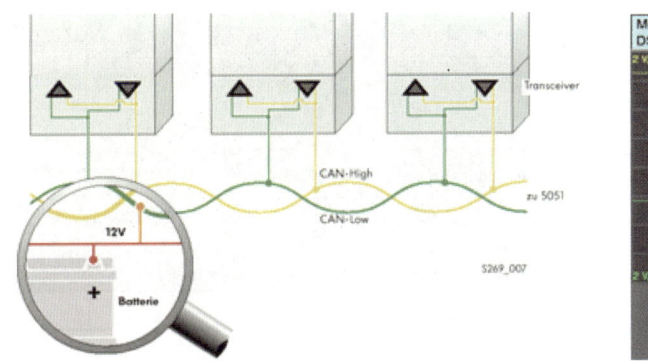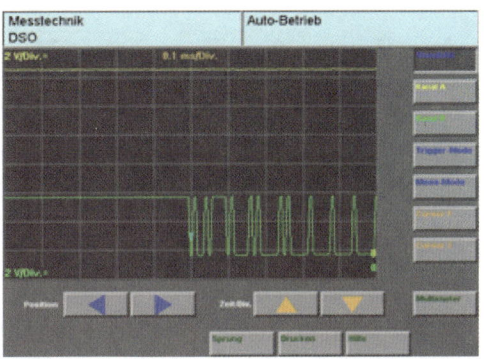

图2-60 CAN-H与正极短接

②CAN-H与地短接。

CAN-H线的电压置于0V,CAN-L线的电压正常,单线模式工作。

③CAN-L与地短接。

CAN-L线的电压置于0V,CAN-H线的电压正常,单线模式工作。如图2-61所示。

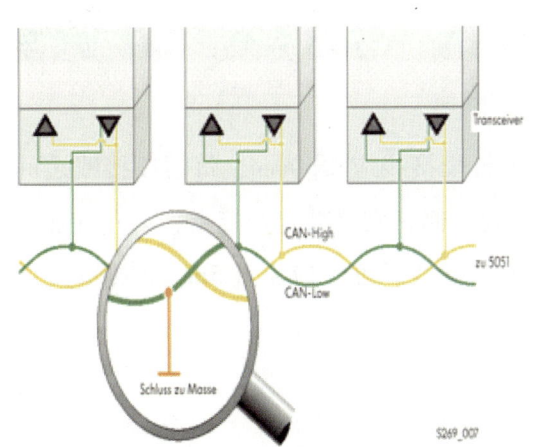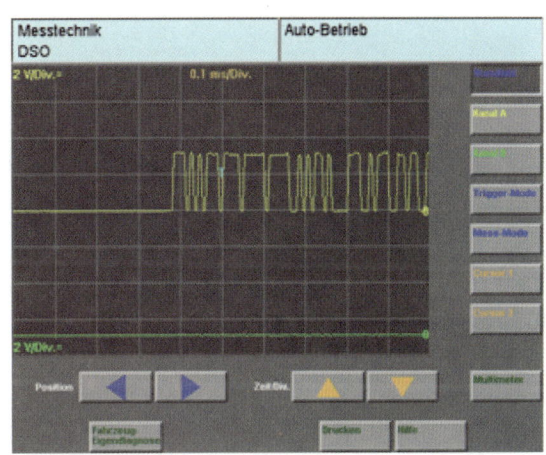

图2-61 CAN-L与地短接

④CAN-L与正极短接。

CAN-H线的电压约为12V或蓄电池电压,CAN-L线的电压正常,单线模式工作。

⑤CAN-L与CAN-H短接。

CAN-H线和CAN-L线的电压相同,如图2-62所示。CAN-L与CAN-H短接则系统关闭CAN-L,采用CAN-H信号。这意味着,通信仅为一条线路的电压在起作用。控制单元利用该电压对地值确定传输数据。

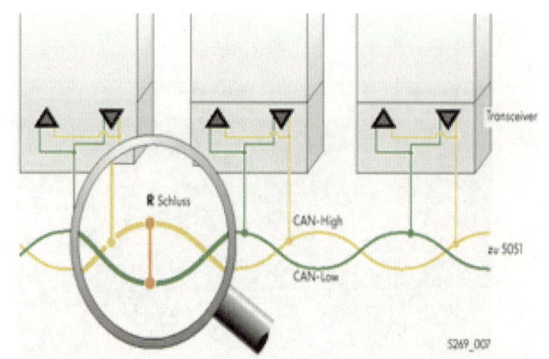
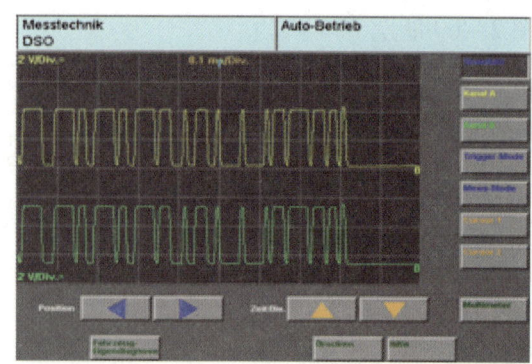

图 2-62　CAN-L 与 CAN-H 短接

（三）CAN 总线的维修

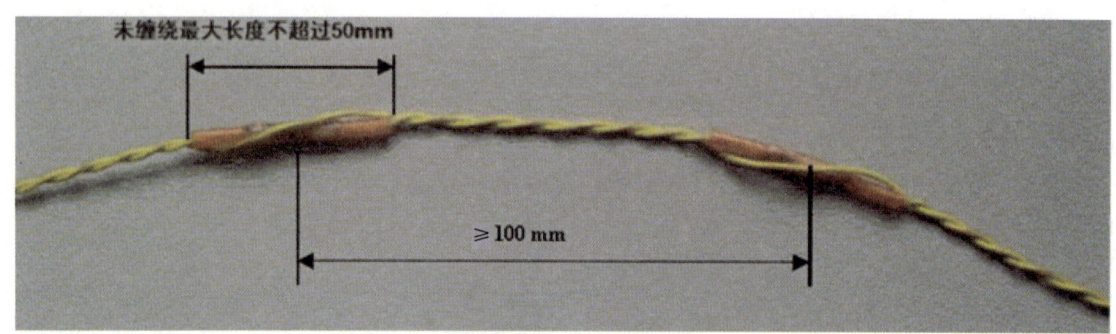

图 2-63　CAN 总线维修

如果 CAN-BUS 导线有破损或断路需接线，每段接线应≤50mm，每两段接线之间应≥100mm（见图 2-63）；如果需要在中央接点处维修，则严禁打开接点，只允许在距接点 100mm 以外断开导线。另外，每条 CAN-BUS 导线长度不应超过 5m，否则导线所传输的脉冲信号会失真。

三、故障实例检修

（一）故障现象

胡先生的一辆一汽-大众汽车有限公司生产的一汽-大众迈腾 380TSI 出现故障，现在一汽大众特约售后服务中心（4S 店）检修，这辆车是 2017 年 11 月 27 日出厂的，2017 款排量 1984ml（2.0t），并且该车已经行驶了 86718km，该车配备的发动机是三代 EA888CUG。最大马力（Ps）220Ps、最大功率（kW）162kW 的直列 4 缸混合喷射的国 V 汽油发动机，搭载的变速箱是 7 速度湿式双离合变速器（DCT），该车的车架号为 LFV3A23C0H3178179。胡先生向特约服务顾问反映该车在一次碰撞事故后出现偶发性的无法启动现象。特约服务顾问将车辆做好车内防护进行环车检查，并开具预检单。将这一故障现象反馈给特约维修高级技师,该技师在进行了车辆基本检查后确认故障现象。

(二) 故障原因分析

常见故障原因分析见表 2-2。

表 2-2 常见故障原因分析

编号	可能故障点	故障原因
1	J533(数据总线诊断接口)	J533(数据总线诊断接口)自身故障
		J533(数据总线诊断接口)线路故障
2	J234(安全气囊控制单元)	J234(安全气囊控制单元)自身故障
		J234(安全气囊控制单元)线路故障
3	E313(换挡杆模块)	E313(换挡杆模块)自身故障
		E313(换挡杆模块)线路故障
4	J743(双离合器变速箱机电装置)	J743(双离合器变速箱机电装置)自身故障
		J743(双离合器变速箱机电装置)线路故障
5	J623(发动机控制单元)	J623(发动机控制单元)自身故障
		J623(发动机控制单元)线路故障
6	驱动 CAN 总线	线路故障

(三) 驱动 CAN 总线电路图及原理分析

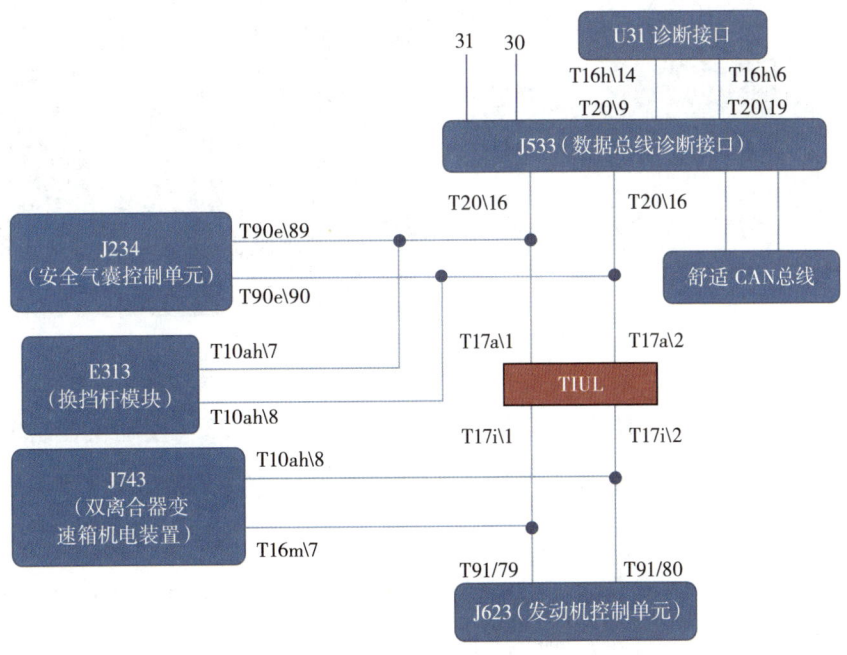

图 2-64 迈腾 B8 驱动 CAN 总线电路

迈腾 B8 驱动 CAN 总线是 J623(发动机控制单元)、J743(双离合器变速箱机电装置)、E313(换挡杆模块)、J234(安全气囊控制单元)之间的通信与数据交换和 J533

（数据总线诊断接口）进行数据汇集的重要线路（见图 2-64）。

（四）故障检修过程

（1）进入车内，按下 E378（点火开关），观察仪表 KX2（组合仪表）点亮，但发现组合仪表上 EPC 灯未点亮，制动踏板指示灯也未点亮，组合仪表显示屏提示制动助力系统受限。方向盘助力异常，换挡杆指示灯 P 挡指示灯闪烁且踩下制动踏板不能正常换挡。

（2）使用专用诊断仪（VAS6150E）读取故障码发现 J623（发动机控制单元）、J743（双离合器变速箱机电装置）、E313（换挡杆模块）、J234（安全气囊控制单元）均无法进入，进入 J533（数据总线诊断接口），读取到故障码"U000200（驱动系数据总线－损坏——主动/静态）"，下一步结合故障码对驱动 CAN 总线进行测量。

（3）为了对车辆线束进行保护断开蓄电池负极，等候 15min。断开 J623（发动机控制单元）上线束插头 T91 和 T105。将车辆线束连接上专用检测设备（VAS6606-1、VAS6606-2、VAS6606-3）再将 J623（发动机控制单元）连接上专用检测设备（VAS6606-1、VAS6606-2、VAS6606-3），做好测量准备（见图 2-65）。

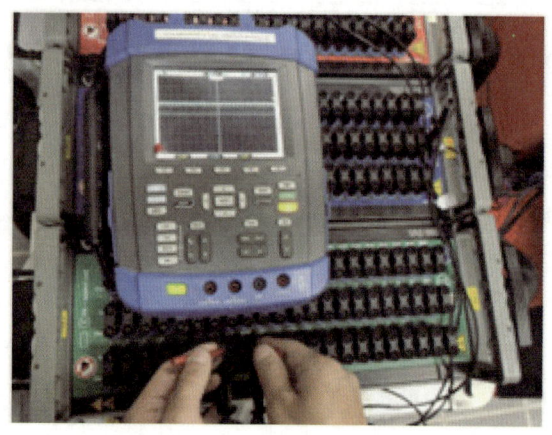

图 2-65　专用检测设备（VAS6606-1、VAS6606-2、VAS6606-3）

（4）连接蓄电池负极。使用（BTHP101）示波器测量 J623（发动机控制单元）上的 T91/79、T91/80 端子的对地波形，正常驱动 CAN 总线 H（高）波形为 2.5～3.5V，驱动 CAN 总线 L（低）波形为 1.5～2.5V。测得 J623 T91/79、T91/80 对地波形，驱动 CAN 总线 H（高）与驱动 CAN 总线 L（低）波形均为 2.5V，波形异常（见图 2-66）。

判断驱动 CAN 总线上可能存在驱动 CAN 总线 H（高）与驱动 CAN 总线 L（低）短路现象或模块内部通信线存在互短现象。

由于驱动 CAN 总线连接了 J623（发动机控制单元）、J743（双离合器变速箱机电装置）、E313（换挡杆模块）、J234（安全气囊控制单元）、J533（数据总线诊断接口）与

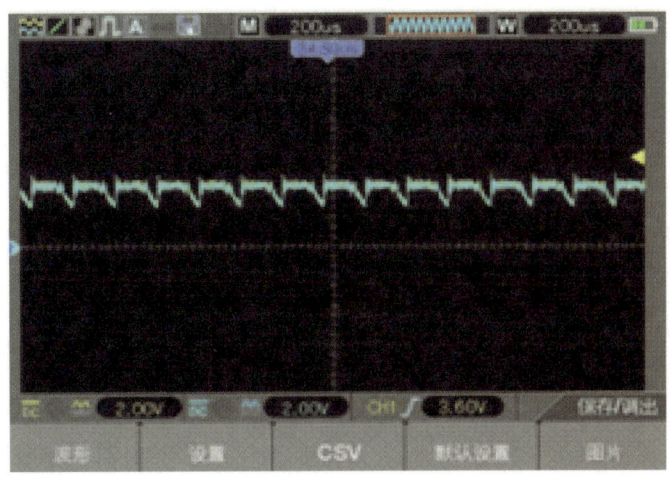

图 2 – 66　异常波形

驱动 CAN 总线线路本身，都可能存在互短现象。

接下来判断具体故障点。

（5）断开蓄电池负极，等候 15min。通过电路图（见图 2 – 64）分析可以发现驱动 CAN 总线有一个中间连接插头 TIUL 可以作为切入点来帮助我们快速排查故障。

使用万用表在专用检测设备（VAS6606 – 3）测量 J623（发动机控制单元）上的 T91/79、T91/80 端子，两端子之间电阻为 0.5Ω，见图 2 – 67。

（6）断开驱动 CAN 总线中间连接插头 TIUL \ T17a \ T17i，使用万用表测量 T17a 插头 1、2 端子之间电阻为 122.8Ω，判断为正常，见图 2 – 68。同时可以判断 J533（数据总线诊断接口）、E313（换挡杆模块）、J234（安全气囊控制单元）三个模块通信线路正常。

图 2 – 67　终端电阻测量值

图 2 – 68　单个模块电阻

(7) 再次使用万用表在专用检测设备（VAS6606-3）测量 J623（发动机控制单元）上的 T91/79、T91/80 端子，两端子之间电阻为 0.6Ω，见图 2-69，判断互短可能在 J623（发动机控制单元）上的 T91/79、T91/80 端子至中间连接插头 T17i 的 1、2 端子或 J623（发动机控制单元）、J743（双离合器变速箱机电装置）模块内部。

(8) 断开 J743（双离合器变速箱机电装置）模块，查看万用表测量数值为 0.6Ω，继续断开 J623（发动机控制单元），观察万用表测量数值为 0.6Ω，驱动 CAN 总线没有连接任何模块，故判断为 J623（发动机控制单元）上的 T91/79、T91/80 端子至中间连接插头 T17i 的 1、2 端子上发生了互短现象。

(9) 更换 J623（发动机控制单元）上的 T91/79、T91/80 端子至中间连接插头 TIUL\T17i\1、2 线束，连接上 J623（发动机控制单元）、J743（双离合器变速箱机电装置），使用万用表测量专用检测设备（VAS6606-3）上的 J623（发动机控制单元）的 T91/79、T91/80 端子电阻为 120Ω，连接上中间连接插头 TIUL，观察万用表测量数值为 62.9Ω，正常，见图 2-70。

图 2-69　总线电阻测量值

图 2-70　修复后总线终端电阻值

(10) 连接蓄电池负极，打开点火开关，仪表 KX2（组合仪表）显示正常，车辆能正常启动，故障排除。故障为发动机线束 J623（发动机控制单元）上的 T91/79、T91/80 端子至中间连接插头 T17i 的 1、2 端子上发生了互短。

（五）故障诊断流程图

故障诊断流程见图 2-71。

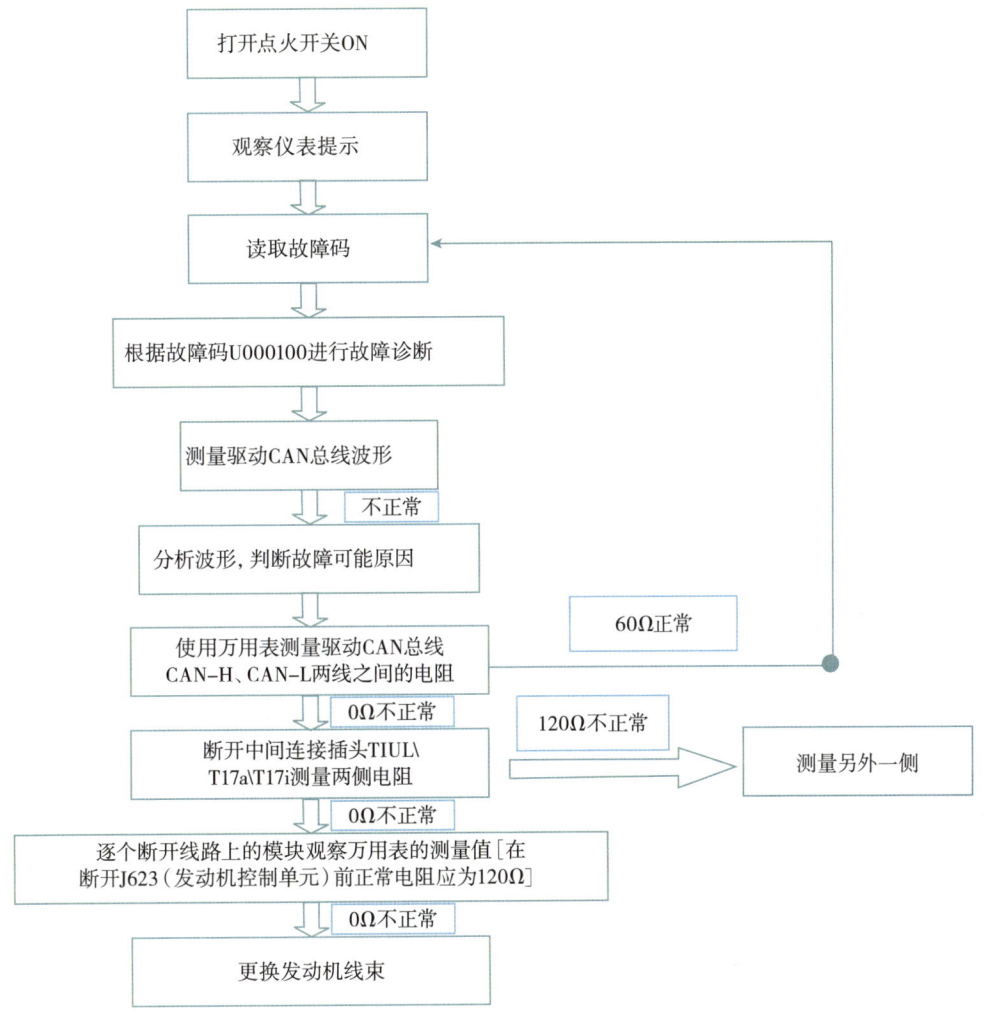

图 2-71　故障诊断流程

项目三 LIN总线系统检修

情景描述

一辆大众ID.4CROZZ轿车，行驶里程为3万km，客户反映主驾车窗主控开关无法控制所有车窗升降，两侧后视镜无法调节，车内中控连锁开关也无法控制门锁。以上故障同时出现，经技师检查分析，主驾侧这3种开关信号均是通过LIN总线与主驾侧控制模块通信。要解决此故障需要全面掌握LIN总线系统结构原理和检修方法。

学习目标

- 熟悉LIN总线系统的作用及结构组成
- 能够查找维修手册，识读和分析LIN总线电路
- 能够检测并分析LIN总线系统的波形
- 能够检修排除LIN总线系统故障

知识链接

一、LIN总线简介

（一）LIN总线定义与应用

LIN总线系统是Local Interconnect Network的缩写，即局部连接网络，也称"局域网子系统"，传输速度低、结构简单、价格低廉。在汽车网络系统低端使用LIN会显现优越性能，目标定位于车身网络模块节点间的低端通信，主要用于智能传感器和执行器的串行通信，而这正是CAN总线的带宽和功能所不要求的部分。

LIN 总线主要应用在电动车窗、电动座椅、自动空调、防盗系统、组合仪表盘、自动大灯、湿度传感器、交流发电机及雨刷器等处。

(二) LIN 总线特点

(1) 工作方式：LIN 总线为单主/多从方式。

(2) 数据传输：LIN 总线为单线传输。

(3) 总线工作低压：LIN 总线为 12V，CAN 总线为 5V。

(4) 传输速率：LIN 总线最高为 20kb/s，属于低速总线，最长为 40m。

(5) 导线颜色：LIN 总线为单色线，底色是紫色。

(三) LIN 总线系统组成

LIN 总线系统主要由主控制单元［也称主机（主节点）］、多个从控制单元或从机（从节点）和传输导线组成。一个 LIN 网络最多可以连接 16 个节点（见图 3-1）。

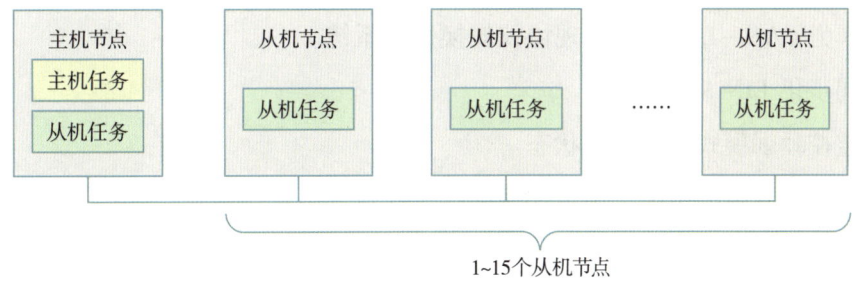

图 3-1 LIN 总线节点

LIN 总线所控制的控制单元一般分布在距离较近的空间，传输数据是单线，数据线最长可以达到 40m。在主节点内配置 1kΩ 电阻端接 VBAT（12V），从节点内配置 30kΩ 下拉电阻端接 GNH（接地）。主节点通过电池正极端接电阻向总线供电，从节点都可以通过内部发送器拉低总线电压。

(四) 工作原理

LIN 网络在汽车中一般不独立存在，通常会通过控制模块与上层 CAN 网络相连，形成 CAN-LIN 网关节点（见图 3-2）。

LIN 主控制单元连接在 CAN 数据总线上，监控数据传输过程和数据传输速率，发送信息标题，决定何时将哪些信息发送到 LIN 数据总线上多少次，在 LIN 数据总线系统的 LIN 控制单元与 CAN 总线之间起"翻译"作用，能够进行 LIN 主控制单元及与之相连的 LIN 从属控制单元的自诊断。

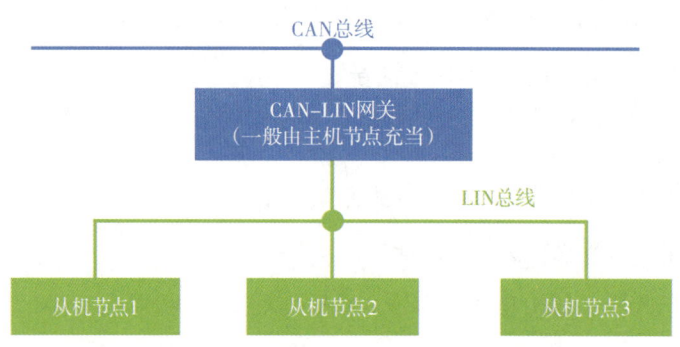

图 3-2 LIN 总线与 CAN 总线关系

1. 主控制单元

(1) 控制 LIN 总线信息传输。

(2) 确定发送的信息和发送的时间。

(3) 向 LIN 从机控制单元发送指令并获取信息。

(4) 作为 CAN–LIN 网关实现协议转换总线系统。

(5) 同步化 LIN 从机。

(6) 监控睡眠模式并管理其状态。

(7) 在出现故障的情况下确定如何继续工作。

(8) 主导 LIN 从机的诊断。

LIN 主控制单元控制总线导线上的每条信息的开始处,都通过 LIN 总线主控单元发送一个信息标题,它由一个同步场构成,后面部分是标识符字节。从机响应时可传输 2 个、4 个、8 个字节的数据。标识符用于确定哪个从机需要响应及帧类型。从机响应的信息段包含返回给主控单元的信息。校验区可为数据传输提供良好的安全性。校验区由数据发送方(主控或从机)构成,位于信息结束部分。LIN 总线主控制单元以循环形式传输当前信息。

2. LIN 从属控制单元

(1) 依靠从主机得到的头部信息来接收、传输或者忽略数据。

(2) 可以通过唤醒信号唤醒主机。

(3) 在接收数据时检查校验。

(4) 在发送数据时生成校验。

(5) 同步于主机的同步字节。

(6) 只有根据主机的需求才可以与其他从机进行数据交换。

在 LIN 数据总线系统内,LIN 从属控制单元的通信受到 LIN 主控制单元的完全控制,只有在 LIN 主控制单元发出命令的情况下,LIN 从属控制单元才能通过 LIN 总线进行数据传输。单个的控制单元、传感器、执行元件都相当于 LIN 从属控制单元。传感器是信号输入装置，传感器内集成有一个电控装置，它对测量值进行分析，分析后的数值是作为数字信号通过 LIN 总线进行传输的。有的传感器或者执行元件只是用 LIN 主控制单元插口上的一个针脚就可以实现信息传输，也就是单线传输（见图 3-3）。

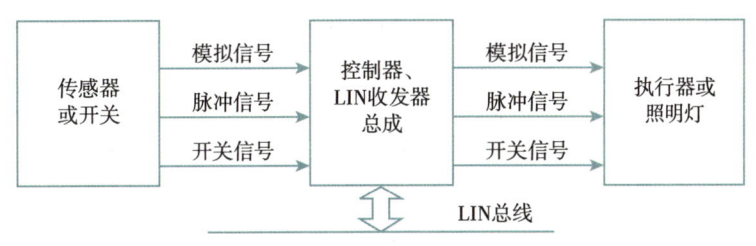

图 3-3 LIN 总线系统工作原理

LIN 执行元件都是智能型的电子或机电部件，它们通过 LIN 主控制单元的 LIN 数字信号接收任务。LIN 主控制单元通过集成的传感器来获取执行元件的实际工作状态，然后把规定状态和实际状态进行对比，并发出相应的控制指令。LIN 主控制单元发出控制指令后，传感器和执行元件才能够做出反应。LIN 从属控制单元等待主控制单元的指令，根据需要与主控制单元进行通信。如果要结束休眠模式，LIN 从属控制单元可自行发送唤醒信号。LIN 总控制单元安装在 LIN 总线系统中。

二、LIN 总线报文帧结构

帧（Frame）包含帧头（Header）和应答（Response）两部分。主机负责发送帧头；从机负责接收帧头并对帧头所包含的信息进行解析，然后决定是发送应答还是接收应答，还是不做任何反应（见图 3-4）。

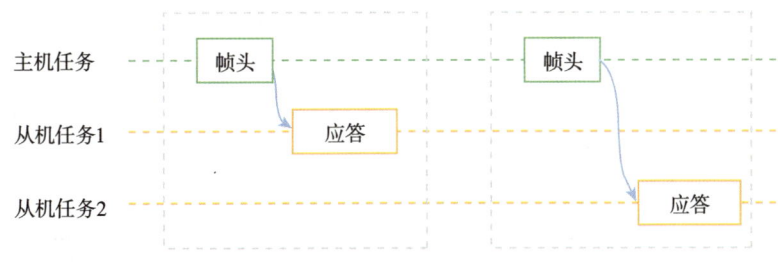

图 3-4 LIN 总线报文帧

帧头包括间隔场、同步场以及标识符场，应答部分包括数据场与校验和场，当总线上有大于等于一个节点发送显性电平时，总线呈显性电平；所有的节点都发送隐性电平或不发送信息（不发送任何信息时总线默认呈隐性电平）时，总线才呈隐性电平，即显性电平起主导作用。图 3-5 中帧间隔为帧之间的间隔；应答间隔为帧头和应答之间的间隔;字节间隔包括同步段和标识符段之间的间隔、数据段各字节之间的间隔以及数据段最后一个字节与校验和段之间的间隔。下面对帧头和应答的各部分进行详细说明。

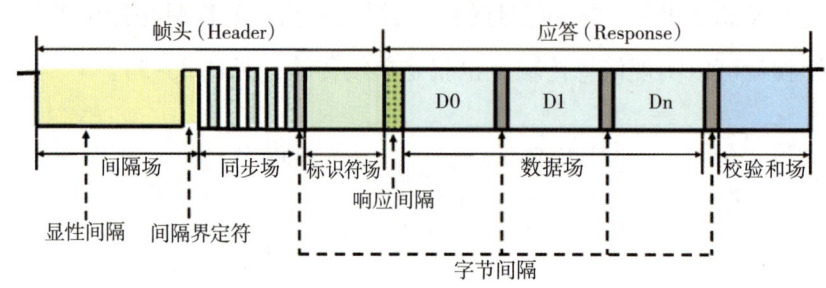

图3-5 帧的结构

1. 间隔场

(1) 表示一帧报文的起始,由主节点发出。

(2) 间隔信号至少由13个显性位组成。

(3) 间隔界定符至少由1个隐性位组成。

(4) 间隔场是唯一一个不符合字节场格式的场。

(5) 从节点需要检测到至少连续11个显性位才认为是间隔信号(见图3-6)。

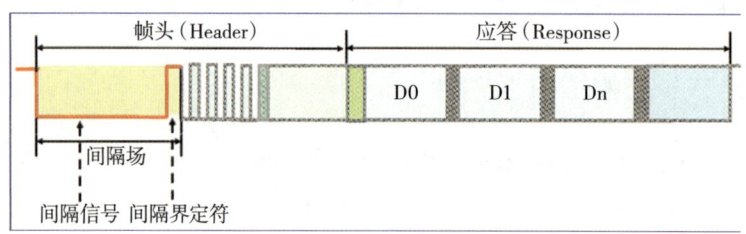

图3-6 间隔场

2. 同步场

(1) 确保所有从节点使用与主节点相同的波特率发送和接收数据。

(2) 一个字节,结构固定:0x55(见图3-7)。

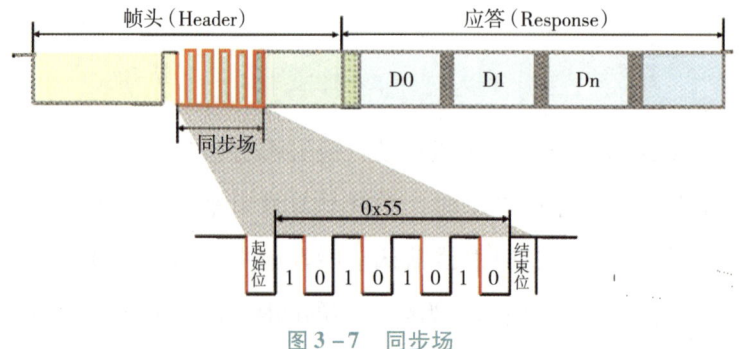

图3-7 同步场

3. 标识符场

(1) ID 的范围从 0 到 63（0 ~ 0x3f）。

(2) 奇偶校验符（Parity）P0，P1（见图 3-8）。

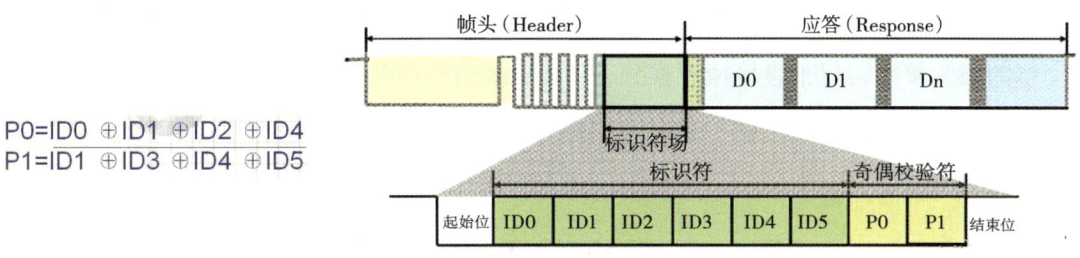

P0=ID0 ⊕ ID1 ⊕ ID2 ⊕ ID4
P1=ID1 ⊕ ID3 ⊕ ID4 ⊕ ID5

图 3-8 标识符场

4. 数据场

(1) 数据场长度为 1~8 个字节。

(2) 低字节先发，低位先发。

(3) 如果某信号长度超过 1 个字节采用低位在前的方式发送（小端）（见图 3-9）。

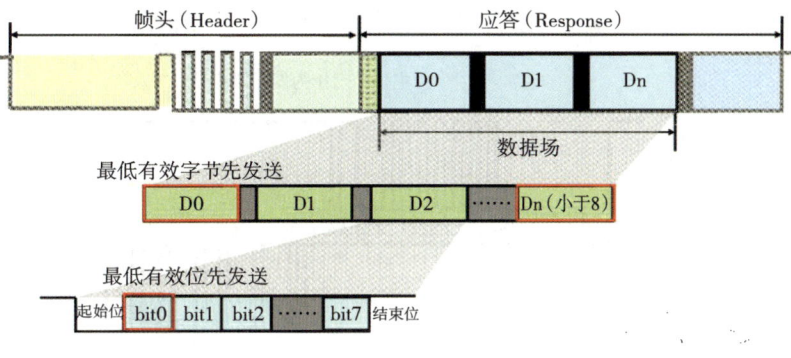

图 3-9 数据场

5. 校验和场

用于校验接收的数据是否正确。

(1) 经典校验（Classic Checksum）：仅校验数据场（LIN1.3）。

(2) 增强校验（Enhance Checksum）：校验标识符场与数据场内容（LIN2.0、LIN2.1）。标识符为 0x3C 和 0x3D 的帧只能使用经典校验（见图 3-10）。

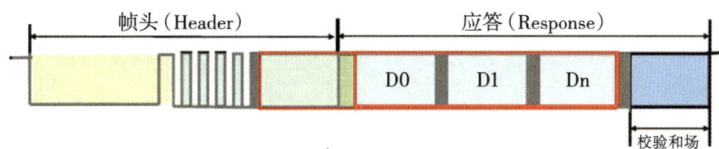

图 3-10 校验和场

6. LIN 总线通信波形

图 3-11 展示的是 LIN 总线的通信方式,可以看出无论什么时候帧头总是由主机节点发布,当主机节点想发布数据时,整个帧全部由主机节点发送。当从机节点想发布数据时,帧头部分由主机节点发布,应答部分由从机节点发布,这样其余节点都能收到一个完整的报文帧。可以很直接地观察到,LIN 总线的通信都是由主机节点发起的,只要合理地规定每个节点的配置,就不会存在总线冲突的情况(事件触发帧冲突时采用冲突解决进度表)。

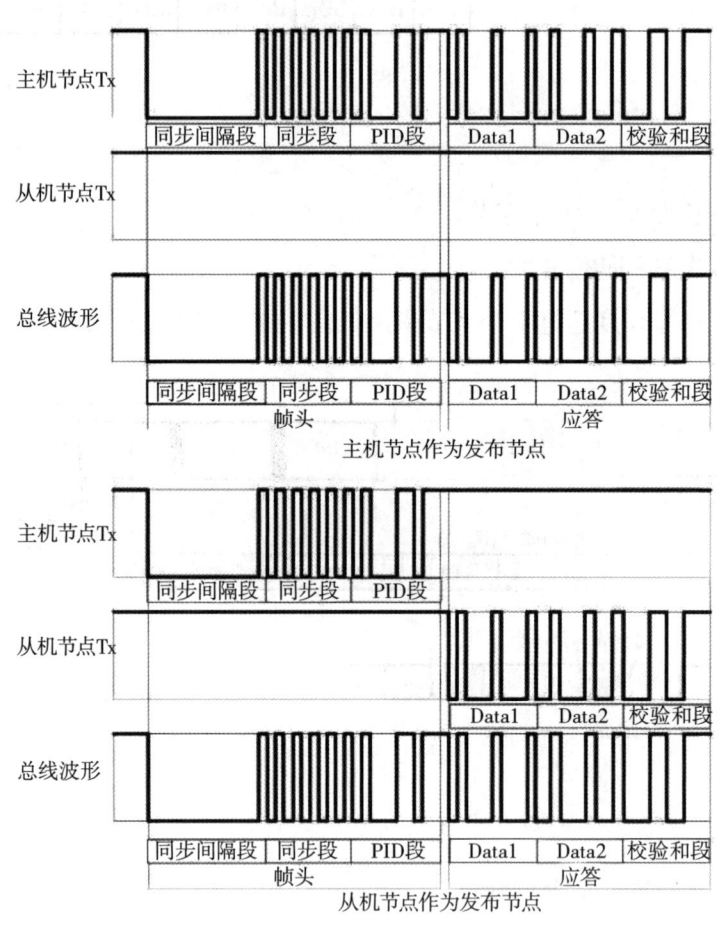

图 3-11 LIN 总线通信波形

技能演练

一、操作准备

准备演练所需要的工具仪器和设备,包括万用表、诊断仪、示波器、整车、维修手

项目三 LIN总线系统检修 03

册、充电机、导线、世达工具套装等。

二、LIN 总线系统的故障诊断检修

在 LIN 主控制单元内已规定好的时间间隔内，如果 LIN 从控制单元数据传递发生故障、校验出错或传递的信息不完整等，LIN 从控制单元的自诊断功能将会记录故障存储。

自诊断数据经 LIN 总线由 LIN 从控制单元传至 LIN 主控制单元。因此，对 LIN 数据总线系统进行自诊断需使用 LIN 主控制单元的地址码。

1. 利用故障检测仪 VAS5051 进行故障诊断

当 LIN 总线系统出现故障时，可以利用故障检测仪 VAS5051 对 LIN 总线进行故障诊断。在 LIN 从属控制单元上可以完成所有的自诊断功能。

2. LIN 总线的故障分析

电路故障主要有两大方面：短路和断路。

（1）LIN 总线短路故障

无论是 LIN 总线对电源正极短路，还是对电源负极短路，LIN 总线都会关闭，无法正常工作。LIN 总线波形呈 12V 或 0V 直线。

（2）LIN 总线断路故障

LIN 总线发生断路故障时，其功能丧失情况视发生断路故障的具体位置而定。当 LIN 总线在总线路上断路时，其下游所有从属控制单元均不能正常工作；当 LIN 总线在分支线路处断路时，该分支电路的从属控制单元将不能正常工作。根据 LIN 总线发生故障时其功能的丧失情况，结合 LIN 总线控制关系并参阅电路图，就可以判断出发生断路故障的大致位置。

如图 3-12 所示，线路中断位置 1：从机控制单元 1 和从机控制单元 2 无法接收信号，呈隐性状态；线路中断位置 2：从机控制单元 1 无法接收信号，从机控制单元 2 正常；线路中断位置 3：从机控制单元 1 正常，从机控制单元 2 无法接收信号。

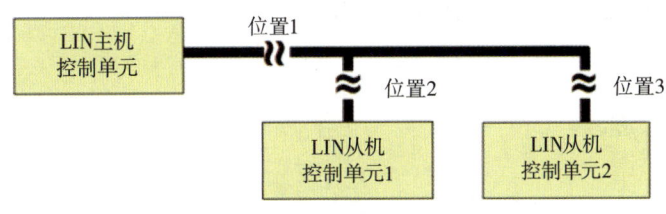

图 3-12 LIN 总线故障点

三、实车故障检修

(一) 故障现象

一辆2017年迈腾B8，操作E512、E54（右后车门车窗升降器开关），右后车门玻璃升降器无法工作；操作中控门锁，右后车门门锁电机也无法工作；解码器无法连接到右后车门控制单元J389。这一切都说明J389功能失效。

(二) 相关电路图

车窗相关电路见图3-13。

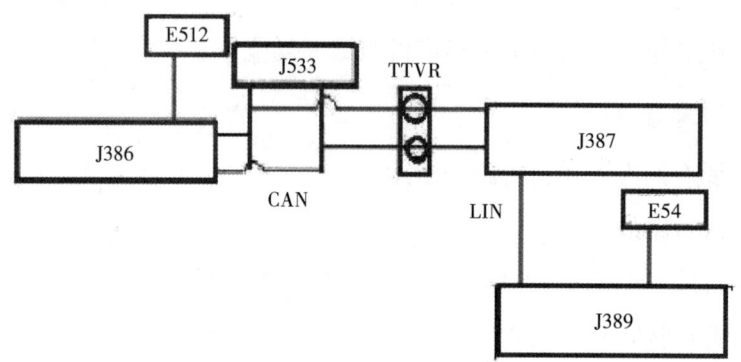

图3-13 车窗相关电路

(三) 分析故障

基于舒适系统的控制原理和实际工作情况，判断J387与总线之间的通信正常。由于只是右后车门所有功能完全失效，而右后车门的唤醒及多数功能均受控于右前门，主驾驶控制也需通过CAN线控制右前门再通过LIN线控制右后门。所以右后门控制模块、LIN线或其电路出现故障的概率较高，暂时先不考虑其他故障。

(四) 初步确定故障范围

(1) J389供电搭铁异常。

(2) J389与J387之间LIN总线通信异常。

(3) J389自身故障。

(五) 诊断检修过程

1. 读取故障码

(1) 解码器与J389控制单元通信异常。

(2) 从其他控制单元读取的相关故障码信息：与J389右前车门控制单元通信异常。

小结：测试结果说明解码器、其他模块的数据总线没有故障，故障主要集中在 J389 及其相关电路上。

2. 测量 LIN 总线

由 J389 处 LIN 总线的测试结果可以推断 J389 的电源供给情况，因此优先测试 LIN 信号。

打开点火开关，用示波器测量 J389 端 LIN 线波形（见图 3-14）。

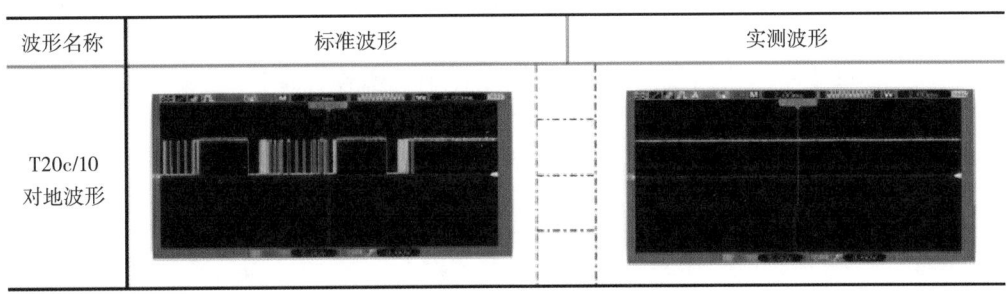

图 3-14　LIN 总线实测波形图（1）

测试结果为 10V 左右的直线，说明可能是 J389 一直处于休眠状态，没有被系统激活，测试点到 J387 之间 LIN 总线断路。

3. 缩小故障范围

（1）J387 到 J389 之间 LIN 总线断路。

（2）J387 自身故障。

4. 测量 J387 端 LIN 线

测试结果为 J387 端 LIN 总线信号正常，但 J389 端信号为 10V 左右直线，一条导线出现两个信号波形，说明此线路存在断路（见图 3-15）。

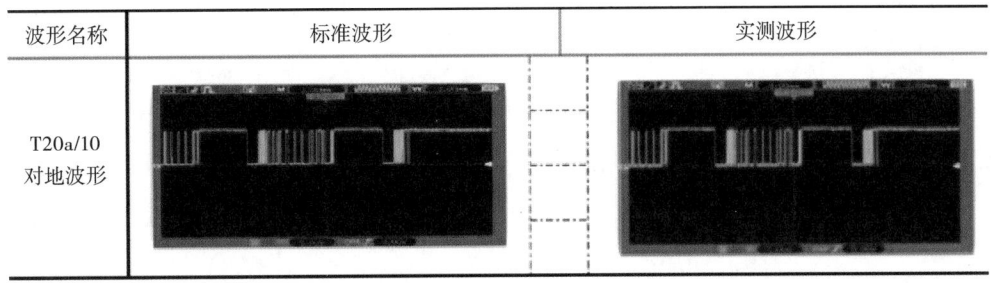

图 3-15　LIN 总线实测波形图（2）

5. 查看相关电路图，进一步确定故障点

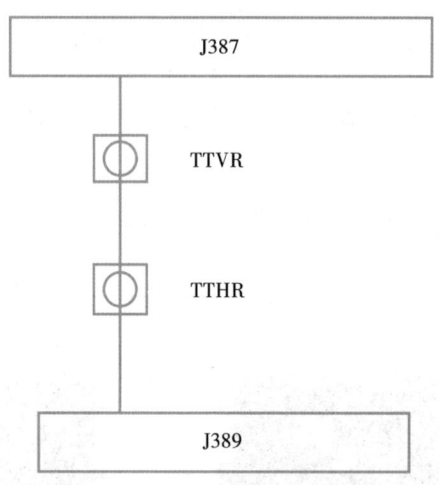

图 3-16　车窗模块相关电路图

分析最后故障范围：

（1）J387 到 TTVR 之间线路断路。

（2）J389 到 TTHR（右后车门连接位置）之间线路断路。

（3）TTVR 或 TTHR 自身异常。

（4）TTVR 到 TTHR 之间线路断路。

6. 线路测量

表 3-1　导线分段电阻测量

测试对象	线路分段电路		
测试条件	关闭点火开关，拔下相关插头	使用设备	万用表
测试参数	J387 到 TTVR 间电阻	J387 到 TTHR 间电阻	TTHR 到 J389 间电阻
标准描述	小于2Ω	小于2Ω	小于2Ω
测试结果	无穷大	无穷大	0.03
是否正常	否	否	是

J387 到 TTVR 间电阻无穷大，说明存在断路，连接断点后故障排除，系统恢复正常。

7. 诊断结论

J387 到 TTVR 连接器之间 LIN 总线断路。

8. 机理分析

J387 到 TTVR 连接器之间 LIN 总线断路，导致右侧前后车门之间无法通信，右后车门无法唤醒，功能失效。

9. 维修建议

修复或更换线束。

项目四

MOST总线系统检修

情景描述

一辆 2016 款奥迪 A6L 轿车，里程表显示行驶了 8.5 万 km。车主反映，车辆在下雨打雷的时候，MMI 系统闪了 2 下后变成黑屏无法工作了，车主认为是被雷击坏了。维修技师接车后，试车，发现和车主反映的现象是一样的，MMI 系统完全没有反应，但车内系统一般不会被雷电击中，怀疑是 MOST 系统中断路引起的故障。要解决此故障需要全面掌握 MOST 总线系统结构原理和检修方法。

学习目标

- 熟悉 MOST 总线系统的作用及结构组成
- 能够查找维修手册，识读和分析 MOST 总线电路
- 能够检修排除 MOST 总线系统故障

知识链接

一、MOST 总线概述

MOST 是 Media Oriented Systems Transport 的缩写。许多汽车制造厂、零部件供应商及软件开发商共同结成一个联合体，以利于采取一种统一的快速数据传递系统。从 "Media Oriented Systems Transport" 这个名字就可看出，它是一种用于多媒体数据传送的网络系统。也就是说，该系统将带有目标地址的信息帧传送到指定接收器，这点与 CAN 数据总线是不同的。

MOST 总线基于环形拓扑，采用光学点对点的传输技术，允许共享多个发送器和接收

器的数据,解决了众所周知的传统模式错综复杂的布线、烦琐的连接器、陈旧的控制以及厚重的铜线等矛盾。

二、塑料光纤传输技术优点

(1) 传输速率高。MOST 总线采用光纤传输数据时,相关部件的数据交换是用数字信号来进行的(以前的音频和视频信号只能作为模拟信号来传送),其传输速率可达 24.8Mbt/s。MOST 总线传输速率明显高于 CAN 总线系统 1 Mbt/s 的最高传输速率,因此 CAN 总线系统只能用于传输控制信号。

(2) 抗电磁干扰能力强。

(3) MOST 总线传输信号时,是通过塑料光纤传输光信号的。与无线电波相比,光波的波长更短,因此它不会产生电磁干扰,同时对电磁干扰也不敏感。

(4) 重量轻,占用空间小,成本低。MOST 总线使用的聚合物光纤由聚甲基丙烯酸甲酯制成,相对于金属导线来说,在提供相同频宽时,能减轻约 4.5kg 的重量和节省约 250m 长的线束,这样就减轻了汽车的重量,节约了空间,降低了成本,同时扩展了功能。

三、MOST 总线系统的运行模式

(一) 休眠模式

在 MOST 总线上无数据交换,所有的设备处于准备状态,为了启动总线通信需要系统管理的光启动脉冲,静态电流降低到最小值。

前提条件:所有在总线中的控制单元传递其待机信号到睡眠模式。

其他总线系统的请求可不通过网关而被置于 MOST 上。

诊断未激活。

(二) 待机模式

系统看起来对用户关闭,不再对外提供服务。MOST 总线系统在后台运行。

待机模式在启动和系统延时时激活。

(三) 电源开启模式

在 MOST 总线上进行数据交换;系统全功能运行。

前提条件:MOST 总线处于待机模式,通过另外的数据总线进行激活。

由用户通过功能选择,有针对性地对多媒体 E380 的操作单元进行激活。

四、MOST 总线的组成及工作原理

MOST 总线通过一个单向环形结构在信息娱乐控制单元之间实现数据交换，信息的传输是通过光缆实现的，环内的传输严格按物理顺序单向进行。也就是说，MOST 系统中的控制单元光接口方向固定，且顺序不能随意调换。这种按照一定顺序安装在 MOST 中的控制单元称为 MOST 环形结构的标准拓扑配置，这种配置保存在主机和中央网关模块内。当环形结构闭合且功能良好时，才能在 MOST 环形结构中传送信息。而在环形结构断开时，根据不同的车型、不同的配置，诊断只能与主机通信。

在光学总线系统中，总线用户包括收音机、CD 机或 DVD 换碟机、GPS 导航单元、视频单元、移动电话、功率放大器等。这些单元内部都有一个光学传输控制单元，称为智能网络接口控制器（INIC），是 MOST 控制单元中的发射接收模块，用于实现光学传输的信号调制、解调和控制。

（一）MOST 控制单元的结构

如图 4-1 所示，光学传输控制单元主要由内部供电装置、收发单元、MOST - 收发机、标准微控制器、专用部件等组成。收发单元，也叫光导发射器（FOT），主要由一个光电二极管和一个发光二极管构成。智能网络接口控制器自身便是一个具有完全功能、独立的路由器，该路由器可以在不需要与其应用程序进行互动的情况下，操作基础网络功能。因此，即使有一个控制单元失效（前提是该控制单元内的 MIC 没有损坏），MOST 环形结构仍有效。

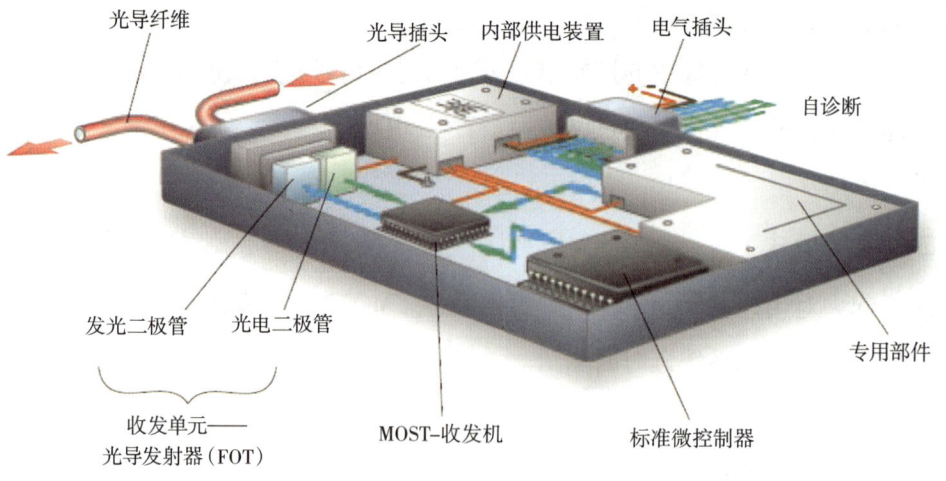

图 4-1 MOST 控制单元的结构

1. 光导插头

光信号通过该插头进入控制单元,或产生的光信号通过该开关传往下一个总线用户(见图4-2)。

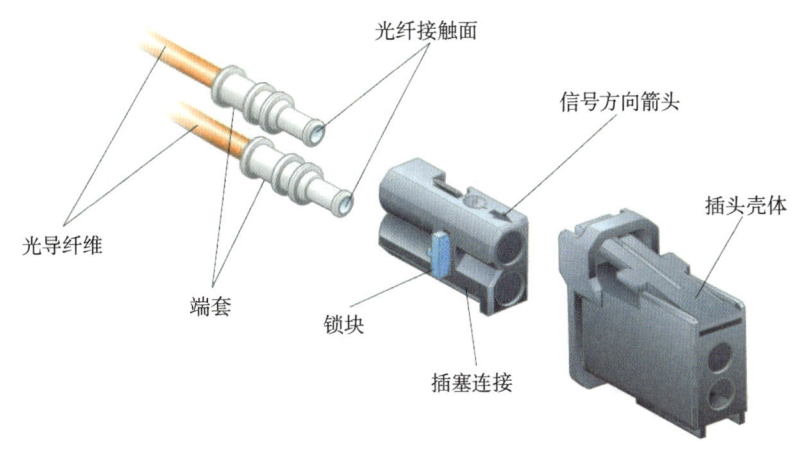

图4-2 光导插头

2. 电气插头

该插头用于供电、环断裂自诊断以及输入/输出信号。

3. 内部供电装置

由电气插头送入的电再由内部供电装置分送到各个部件。这样就可单独关闭控制单元内某一部件,从而降低静态电流。

4. 收发单元——光导发射器

该装置由一个光电二极管和一个发光二极管构成。到达的光信号由光电二极管转换成电压信号后传至MOST-收发机。发光二极管的作用是把MOST-收发机的电压信号转换成光信号。产生的光波波长为650 nm,是可见红光。

数据经光波调制后传送。调制后的光经由光导纤维传到下一个控制单元。

5. MOST-收发机

MOST-收发机由发射机和接收机两个部件组成。发射机将要发送的信息作为电压信号传至光导发射器。接收机接收来自光导发射器的电压信号并将所需的数据传至控制单元内的标准微控制器。其他控制单元不需要的信息由收发机来传送,而不是将数据传到标准微控制器上,这些信息原封不动地发至下一个控制单元。

6. 标准微控制器

标准微控制器(CPU)是控制单元的核心元件,它的内部有一个微处理器,用于操纵控制单元的所有基本功能。

7. 专用部件

专用部件用于控制某些专用功能，如 CD 播放机和收音机调谐器。

8. 光电二极管

（1）结构

光电二极管内有一个 P-N 结，光可以照射到这个 P-N 结上。由于 P 型层很厚，绝缘层只能刚刚够得到 N 型层。在 P 型层上有一个触点——正极。N 型层与金属底板（负极）接触（见图 4-3）。

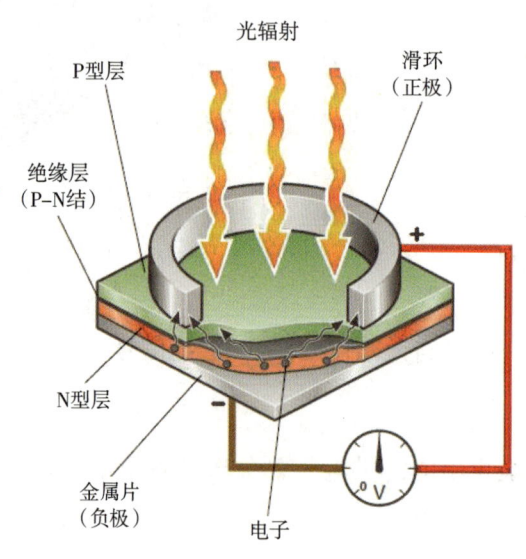

图 4-3　光电二极管

（2）原理

光电二极管将光波转换成电压信号，如果光或红外线辐射照到 P-N 结上，就会产生自由电子和空穴，从而形成一个穿越 P-N 结的电流。也就是说，作用到光电二极管上的光越强，流过光电二极管的电流就越大。这个过程称为光电效应。

光电二极管反向与一个电阻串联。如果由于照射光强度增大，流过光电二极管的电流增大，那么电阻上的压降也就增大了，于是光信号就被转换成了电压信号（见图 4-4）。

9. 光导纤维

光导纤维（LWL）的任务是将在某一控制单元发射器内产生的光波传送到另一控制单元的接收器（见图 4-5）。

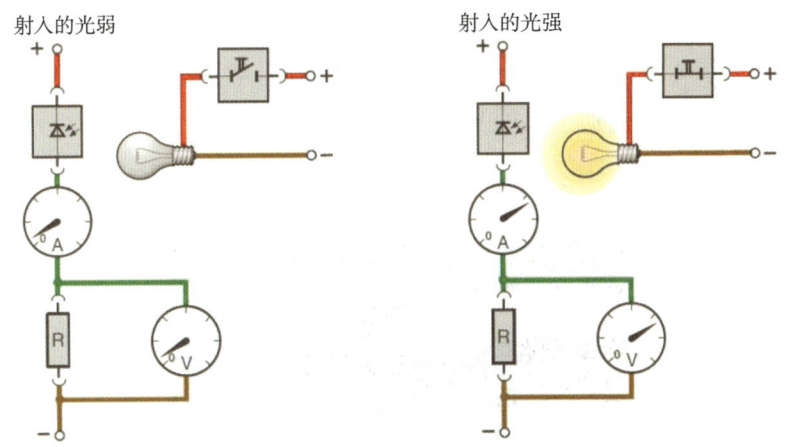

图4-4 光电二极管工作原理

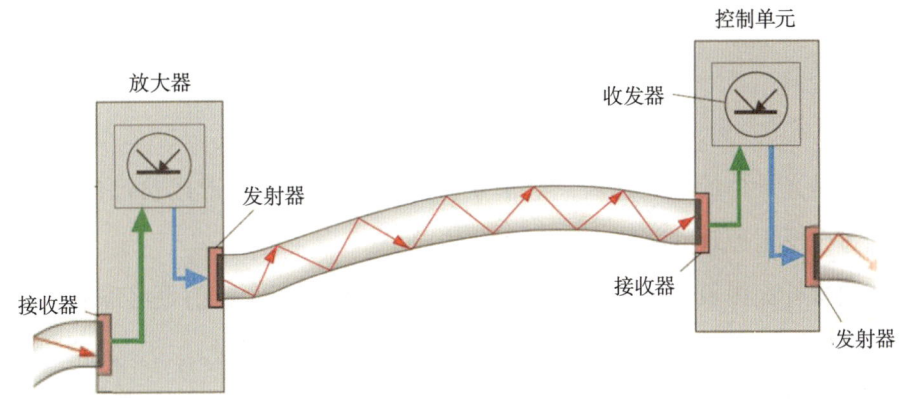

图4-5 光导纤维

（1）注意事项

①光波是直线传播的，且不可弯曲，但光波在光导纤维内必须以弯曲的形式传播。

②发射器与接收器之间的距离可以达到数米远。

③机械应力作用如振动、安装等不应损坏光导纤维。

④在车内温度剧烈变化时应能保证光导纤维的功能。

（2）光导纤维的特点

①光波在光导纤维中传送时的衰减应小。

②光波应能通过弯曲的光导纤维来传送。

③光导纤维应是柔性的。

④在 -40～85℃ 的温度内，光导纤维应能保证功能。

（3）光导纤维的结构

光导纤维由四层构成，纤芯是光导纤维的核心部分，它是用有机玻璃制成的，是光导线。纤芯内的光根据全反射原理几乎无损失地传导。透光的涂层是由氟聚化合物制成的,它包在纤芯周围,对全反射起关键作用。黑色包层是由尼龙制成的,用来防止外部光线照射。彩色包层起到识别、保护及隔温作用(见图4-6)。

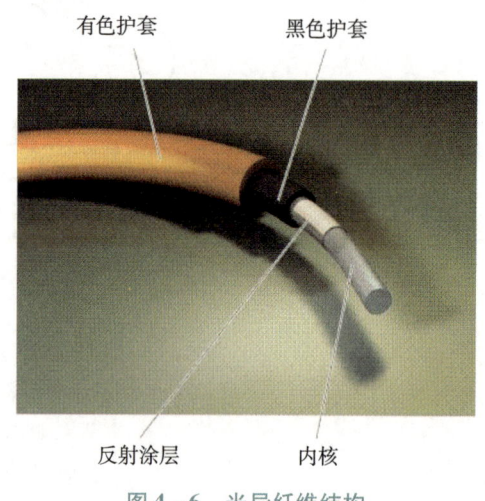

图4-6 光导纤维结构

①内核:是光导体的中央区域。它由聚丙烯酸甲酯组成并形成自己的光导体。在内核里光线通过全反射原理几乎不会损耗而被传导。

②包在内核外面由氟聚化合物组成的光学透光涂层对于全反射是必需的。

③由聚酰胺组成的黑色护套能保护内核不受外部光线的照射。

④有色护套具有标识功能,以防机械损坏并进行温度保护。

(4)光波在光导纤维中的传送

①在直的光导纤维中传送:光导纤维将一部分光波沿直线传送。绝大部分光波是按全反射原理在纤芯表面以"之"字形曲线传送(见图4-7)。

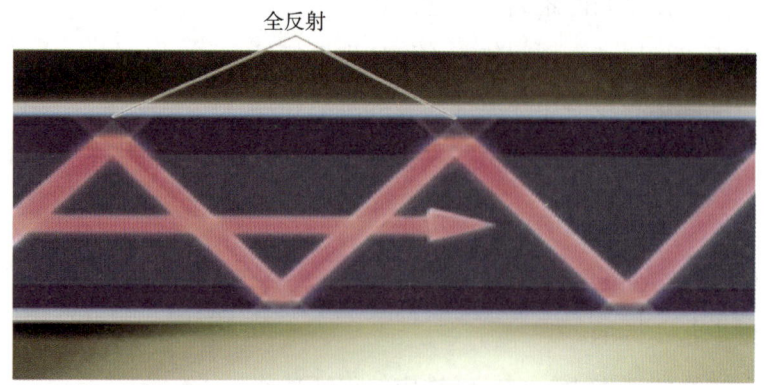

图4-7 光导纤维全反射

②在弯曲光导纤维中传送:光波通过全反射在纤芯的涂层界面上反射,从而可以弯

曲传送。为保证光波能够可靠传输，光导纤维转弯半径不能小于25mm（见图4-8）。

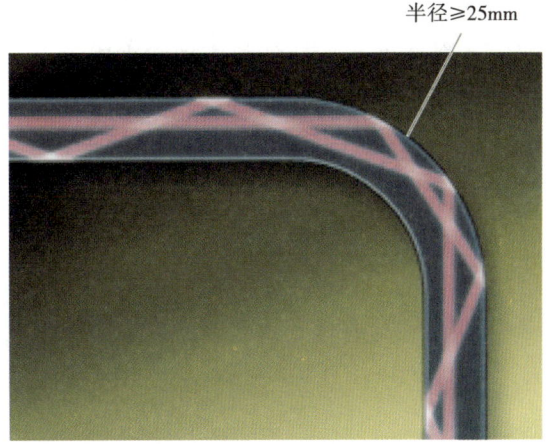

图4-8 光导纤维最小弯曲半径

（5）光纤端面

为了使传输过程中的损失最小，光导纤维的端面应光滑、垂直、洁净。为此使用一种专用的切削工具。切削面上的污垢和刮痕会加大传送损失（衰减）。

（6）光导纤维的连接

①为了使光导体能连接到控制单元，使用特殊的光纤线插头。

②在插座接头上有一个信号方向箭头，显示输入（到接收器）的情况。插头的外壳建立了到控制单元的连接。

③通过内核的正面实现了光线到控制单元内发射器/接收器的传输。

④在生产LWL时为了在插头外壳上固定LWL，要在LWL尾端利用激光技术焊上塑料套管或者在尾端卡上黄铜质地的套管。

⑤为了保证尽可能地无损耗传输，光导体的正面必须平滑、垂直、干净，这种要求只能通过专用的切割工具来实现。污染和划痕会提高损耗/衰耗。

（7）光纤总线内的信号衰减

为了能对光导纤维的状态做出评价，需要测量信号衰减的情况。在传输过程中，光波的功率减小称为衰减。衰减用分贝（dB）表示。分贝不是一个绝对值，它是两个值的比值。因此分贝没有被定义成专门的物理量。例如，在确定声压和音量时也会用到分贝这个单位。在进行衰减测量时，这个值是对发射功率和接收功率比值取对数后得出的。

$$衰耗常数（A）= 10\lg（发射功率/接收功率）$$

示例：$10 \times \lg（20 W/10 W）= 3$ dB。

这就是说：对于衰耗常数为 3dB 的光导纤维来说，光信号会衰减一半。由此可知：衰耗常数越大，信号传送的效果就越差。如果有几个部件一同传送光信号，那么与串联的电气部件中的电阻相似，各个部件的衰耗常数应加起来成为一个总的衰耗常数。

由于每个控制单元都会在 MOST 总线内发送光波，所以两个控制单元之间总衰耗常数才有意义。

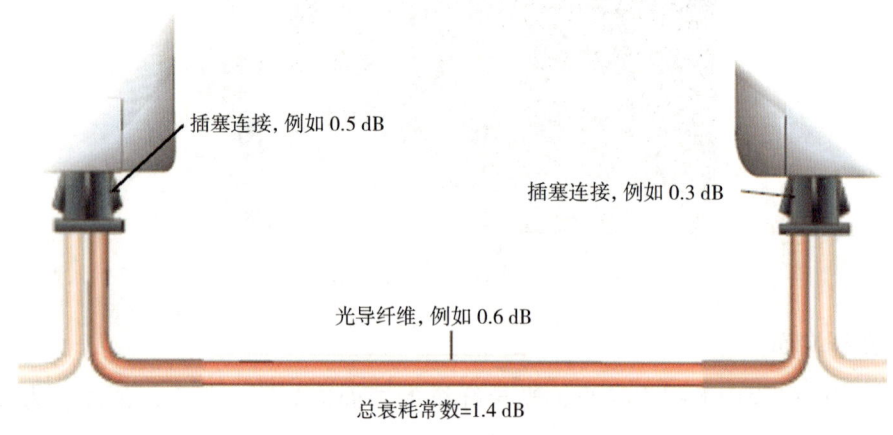

图 4-9 光导纤维衰耗

（8）光线数据总线中衰减增高的原因

①光波导体的弯曲半径过小。当 LWL 弯曲（或弯折）半径小于 5 mm 时，在弯折点会出现内核的损坏（与有机玻璃弯折相比较）。此时必需更换 LWL。

②LWL 的外皮损坏。

③内核表面划伤。

④内核表面污损。

⑤内核表面连接错位（插头外壳断裂）。

⑥内核表面倾斜连接（角度故障）。

⑦在光导体的正面和控制单元的接触面之间有空隙（插头外壳破裂或没有完全插到位）。

⑧尾部套管卡位错误。

（9）在光导体和其部件上不允许的操作

①诸如钎焊、高温粘贴、焊接等加工和修理方法。

②化学和物理方法，如粘贴、对接。

③LWL 线路绞合或一根 LWL 线路和铜线绞合。

④外皮的损坏如穿孔、割口、擦裂等。在车内安装时不得踩踏，不得在导线上放置物品等。

⑤表面污染，如由于液体、灰尘、燃料等，前面所述的保护盖板只有在进行插入或测试时才能特别小心地去除。

⑥在车内铺设时绕圈和打结，更换 LWL 时要注意长度。

技能演练

一、操作准备

准备演练所需要的工具仪器和设备，包括万用表、诊断仪、示波器、整车、维修手册、充电机、导线、保险丝、继电器、世达工具套装等。

二、MOST 总线系统的故障检修

对于 MOST 光束的检测，在没有光纤测量仪的情况下，可以拔下控制单元的光纤插头，通过肉眼判断一个控制单元光纤输入口与输出口红色光束的亮度是否一致。如果输入口的光束比较亮，而输出口的光束比较暗或者没有红色的光输出，并且 MOST 系统无法正常工作，则可以初步判断该控制单元内部的光纤收发控制模块损坏。或者用光纤短接头短接某一个控制单元的光纤插头，如用光纤短接插头短接功放机 J525 的光纤插头后，此时诊断仪可以正常诊断除功放机 J525 以外的其他 MOST 控制单元，显示屏也正常显示，说明 J525 功率放大器损坏。

（一）故障案例

一辆行驶里程约 8.6 万 km 的奥迪 A6L（C6）2.4L 轿车。该车多媒体系统瘫痪（黑屏）。

（二）故障分析

该车的多媒体系统采用 MOST 总线通信（光纤）。该系统有个特点：系统环路的某个控制单元故障或总线故障，会导致整个系统瘫痪。根据 MOST 总线结构图（见图 4-10），该车多媒体系统环路中配备有网关、多媒体操作显示主控单元、收音机、CD 机、音响功放。通过以上信息分析出可能的故障原因有：

（1）以上多媒体系统中的某个控制单元故障。

（2）以上多媒体系统中的某个控制单元供电或搭铁电路故障。

（3）光纤总线故障。

（4）多媒体操作面板故障。

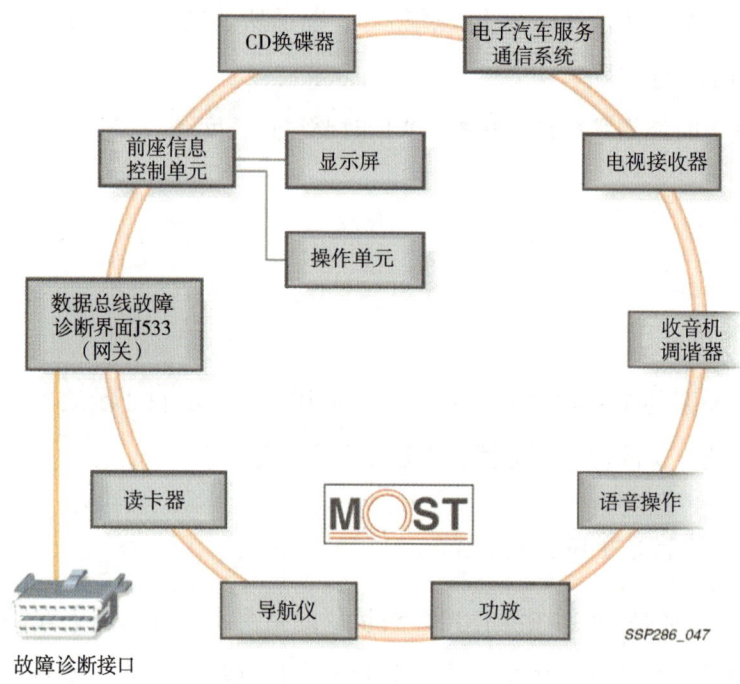

图 4-10 MOST 总线结构

（三）诊断检修过程

（1）使用 X431 进行故障码读取，网关中读取故障码：00384 光学数据线，00463 数字音响控制模块 J525。

（2）光纤系统故障可使用专用诊断仪 VAS5054 或 VAG6150 引导型功能中的环路中断诊断功能进行直接结果诊断。

（3）根据光纤系统特性分析，如果将故障控制单元光纤总线进行短接，系统便会显示正常，但不可短接多媒体操作显示主控单元。

（4）逐个短接光纤总线的控制单元，最好使用光纤短接头（见图 4-11）进行，在没有光纤短接头的情况下可以通过如下方法判断：拔下控制单元光纤接头，打开接头锁定开关，拔下其中一根光纤导线，直接对接另一根光纤，重启系统检查。

（5）当短接到音响功放单元 J525 时，重启多媒体系统显示正常，只是处于静音状态。由此可以判断音响功放单元 J525 存在问题。控制单元存在故障可能是供电或搭铁故障。

（6）根据电路图检查控制单元供电及搭铁是否正常。

（7）音响功放单元 J525 故障。

（8）更换音响功放单元 J525，解除部件保护。

图 4-11 汽车光纤短接头

（四）奥迪 MOST 总线检修方法

光纤系统于 2003 年在奥迪 A8、D3 上使用，现在的大部分高级轿车也在使用。作为一名维修技师，必须掌握光纤系统的原理并学会检修方法。

MOST 系统的优点：传输速率大，是目前传输速率最快的总线系统。大众车系 MOST 总线应用在音响娱乐系统中，用于传输音频和视频信号。

MOST 系统的缺点：MOST 系统是环形结构，该结构的缺点是环路中的某个控制单元损坏或环路中的某段光纤损坏会导致整个系统无法正常工作或不工作。

在大众、奥迪的音响娱乐系统中 MOST 系统故障通常会导致黑屏、画面断断续续、系统不受控制等。

当 MOST 系统出现故障时有以下 3 种诊断方法：

1. 环形中断诊断

在大众的 MOST 系统中，环形中断诊断必须借助专用诊断仪 5054a 或 6150b 进行，环形中断诊断是诊断管理器执行元件诊断内容的一部分。其诊断原理是：诊断线通过中央导线连接器与 MOST 总线上的各个控制单元相连。环形中断诊断开始后，诊断管理器（也就是网关）通过诊断线向各控制单元发送一个脉冲，这个脉冲使得所有控制单元用光导发射器内的发射单元发出光信号。在此过程中，所有控制单元检查两方面功能：一是自身的供电及其内部的电控功能，二是从环形总线上的前一个控制单元接收光信号。诊断管理器根据环路上的各控制单元是否发出光信号和接收到光信号，可识别两类故障情况：发生故障的控制单元和数据传递中断发生在哪两个控制单元之间（见图 4-12）。

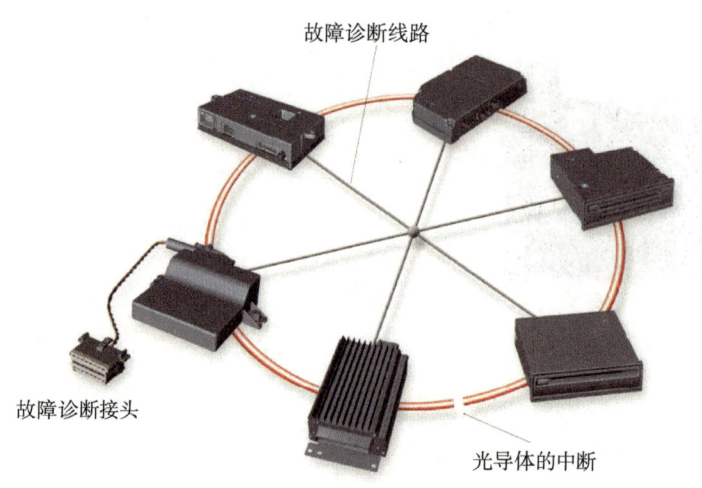

图 4-12 环形中断诊断原理

2. 衰减诊断

衰减诊断的基本原理与环形中断诊断基本相同,也必须使用专用诊断仪进行。不同之处是诊断仪会通过计算发射功率与接收功率之间的比例来计算光的衰减,如图 4-13 所示,光波的衰减越大传输速率越低。该诊断方法可判断环路中相邻两个控制单元之间的光纤是否有弯折或损坏。

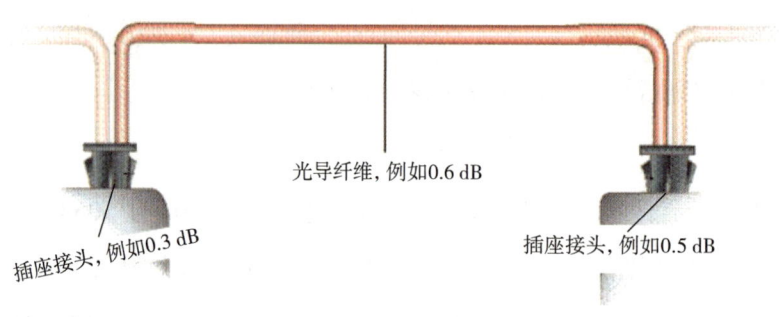

图 4-13 衰减诊断原理

3. 短路诊断

短路诊断是一种更为简单直观的诊断方法。当系统工作不正常或完全瘫痪时,光纤环路中的任何一个控制单元都有可能存在故障,这时我们可通过短接的方法——去判断。例如,在图 4-14 的环路中如果想确定是不是音响功放导致的故障,可将音响功放短接光纤。如果故障消失,则故障点就在音响功放上。在操作过程中不能短接显示操作单元 J523。

注意:在确定某个控制单元是否损坏时一定要检查其供电搭铁编码等。

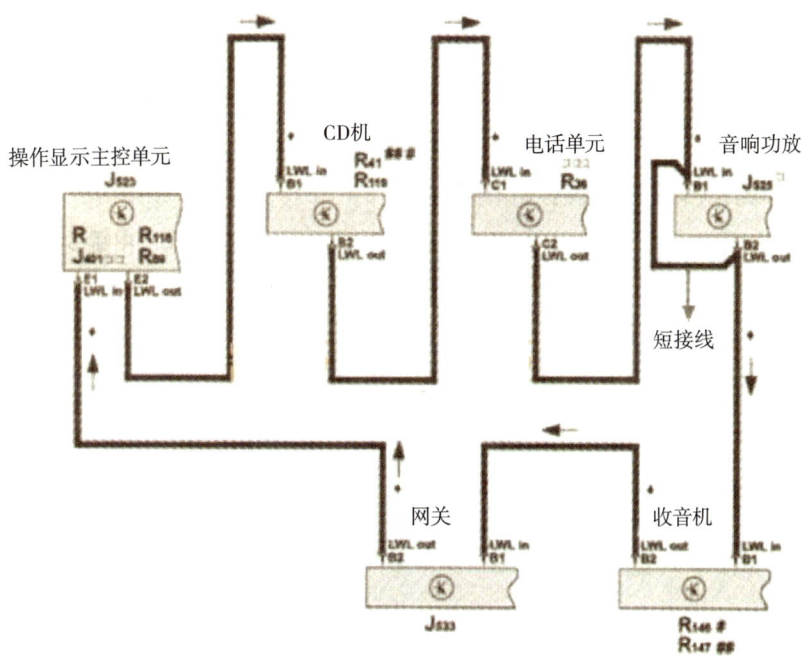

图 4-14 短路诊断原理

项目五
FlexRay总线系统检修

情景描述

一辆 2018 年的奥迪 Q5L 无法启动，起动机无任何反应，且仪表变速箱故障、四轮驱动故障等多个故障灯亮。由于该车驱动系统采用了 FlexRay 总线，要排除该故障，需要全面学习了解 FlexRay 总线的相关知识和检修方法。

学习目标

- 熟悉 FlexRay 总线系统的作用及结构组成
- 能够查找维修手册，识读和分析 FlexRay 总线电路
- 能够检测并分析 FlexRay 总线系统的波形
- 能够检修排除 FlexRay 总线系统故障

知识链接

一、FlexRay 总线概述

由于传统的 CAN 解决方案不能满足汽车线控系统（X-by-Wire）的要求，2000 年 9 月，宝马和戴姆勒克莱斯勒联合飞利浦和摩托罗拉成立了 FlexRay 联盟。该联盟致力于推广 FlexRay 通信系统在全球的使用，使其成为高级动力总成、底盘、线控系统的标准协议。其具体任务为制定 FlexRay 需求定义、开发 FlexRay 协议、定义数据链路层、提供支持 FlexRay 的控制器、开发 FlexRay 物理层规范并实现基础解决方案。

FlexRay 总线标识见图 5-1。

图 5-1　FlexRay 总线标识

FlexRay 代表什么？Flex = Flexibilität（灵活），Ray = Rochen（FlexRay 联盟标志中的鳐鱼）（见图 5-2）。

鳐鱼属于软骨鱼类，身体的柔韧性和灵活性非常好。

图 5-2　鳐鱼

FlexRay 意为灵活的鳐鱼，是说 FlexRay 总线工作时灵活性和适应性非常好。

FlexRay 关注的是当今汽车行业的一些核心需求，包括更快的数据传输速率、更灵活的数据通信方式和更全面的拓扑选择与容错运算。

FlexRay 是全新的总线系统和通信系统，对 FlexRay 的要求是，在电气和机械电子元件之间提供可靠、实时和非常高效的数据传输。FlexRay 用于当今和未来车辆内创新功能的联网。FlexRay 包括性能强大的记录，适用于按照在车辆内的分布式系统实时数据传输。每个通道的最大数据传输速率为 10Mbit/s，因此 FlexRay 是一个非常高速的系统。FlexRay 明显比此前车辆在车身以及驱动装置和底盘区域内所使用的数据总线更快。FlexRay 除了支持更高的带宽，还支持确定性的数据传输，并且可以进行容错配置。也就是说，即使在个别元件失灵后，仍允许剩余的通信系统运行。中央网关模块（ZCM 或 FEI）建立不同的总线系统和 FlexRay 之间的连接。

采用 FlexRay 总线是为了满足将来对汽车控制单元联网结构更高的要求，特别是实现更快的数据传输率、更强的实时控制和更高的容错运算。使用 FlexRay 总线之后才可以实现驾驶动态控制、车距控制 ACC 和图像处理功能。

FlexRay 可以为车内的控制系统提供所需的信号传输速度和可靠性。CAN 网络最高传输极限为 1Mbps。LIN 和 KLINE 分支网络最高传输极限为 20kbit/s。而 FlexRay 两个信道中单个信道上的数据传输速率最大可达到 10Mbps，总数据传输速率可达 20Mbit/s，因此，应用在车载网络，FlexRay 的网络带宽可能是 CAN 的 20 倍之多。

二、FlexRay 总线特点

（一）FlexRay 总线样式

FlexRay 总线是双线式总线系统，其数据传输速率为 10Mbit/s。这两根总线导线一根标为正总线（导线颜色为黄色），另一根标为负总线（导线颜色为绿色）（见图 5-3）。

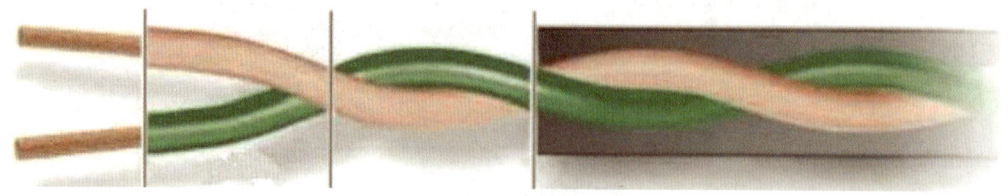

图 5-3　FlexRay 总线

FlexRay 总线在单线状态时是无法工作的，因为工作中要对这两条线之间的电位差进行分析。目标是在电气与电子组件之间实现可靠、实时、高效的数据传输，以确保满足汽车网络技术的需要。

（二）FlexRay 的数据传输速率

FlexRay 的每个信道具有 10Mbit/s 带宽。由于它不仅可以像 CAN 和 LIN 网络这样的单信道系统一般运行，还可以作为一个双信道系统运行，因此可以达到 20Mbit/s 的最大传输速率，是当前 CAN 最高运行速率的 20 倍。

（三）同步时基

FlexRay 中使用的访问方法是基于同步时基的。该时基通过协议自动建立和同步，并提供给应用。时基的精确度介于 0.5μs 和 10μs 之间（通常为 1~2μs）。

（四）通信确定性

FlexRay 是一种时间触发式总线系统，它也可以通过事件触发方式进行部分数据传输。在时间控制区域内，时隙分配给确定的信息。一个时隙是指一个规定的时间段，该时间段对特定信息（如转速）开放。这样，在 FlexRay 总线系统内重要的周期性信息以固定的时间间隔传输，因此不会造成 FlexRay 总线过载。对时间要求不高的其他信息则在事件控制区域内传输。FlexRay 总线系统内确定性数据的传输过程如图 5-4 所示。

确定性数据传输用于确保时间触发区域内的每条信息都能实现实时传输，即每条信息都能在规定时间内传输。因此，FlexRay 不会由于总线系统过载而延迟发送重要总线信息。如果由于暂时性总线故障（如 EMC 故障）导致一条信息丢失，则该信息不会再次发送，在为此规定的下一时隙内将发送当前数值。

通信是在不断循环的周期中进行的，特定消息在通信周期中拥有固定位置，已经提前知道了消息到达的时间。到达时间的临时偏差幅度会非常小，并能得到保证。

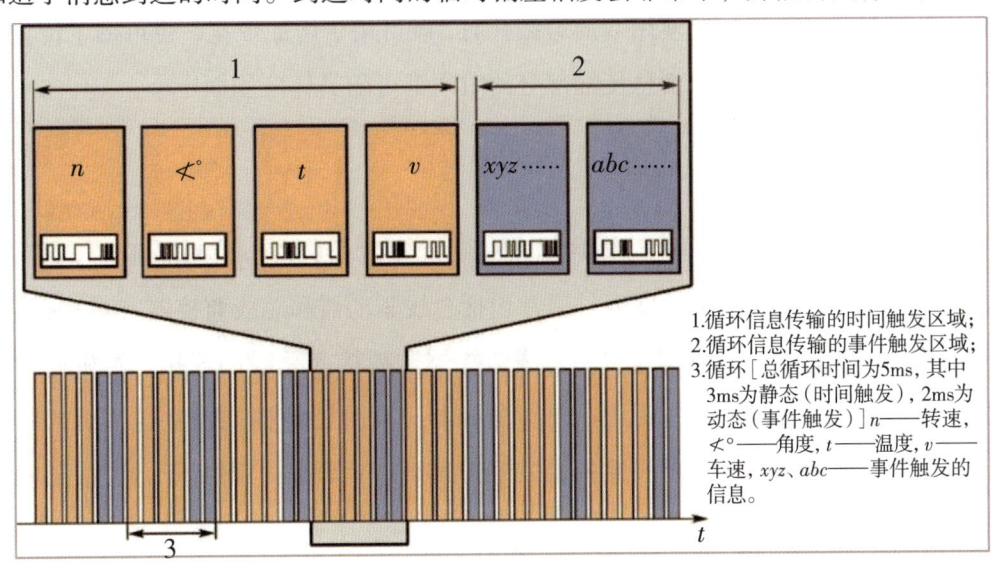

1.循环信息传输的时间触发区域；
2.循环信息传输的事件触发区域；
3.循环〔总循环时间为5ms，其中3ms为静态（时间触发），2ms为动态（事件触发）〕 n——转速，$\alpha°$——角度，t——温度，v——车速，xyz、abc——事件触发的信息。

图 5-4　FlexRay 总线通信

（五）高容错性

强大的错误检测性能和容错功能是 FlexRay 设计时考虑的重要方面。FlexRay 总线使用循环冗余校验（Cyclic Redundancy Cheek，CRC）来检验通信中的差错。FlexRay 总线通过双通道通信（见图 5-5），能够提供冗余功能，并且使用星形拓扑可完全解决容错问题。在容错性系统中，即使某一总线导线断路，也必须确保数据能继续可靠传输。这一要求可以通过在第二个数据信道上进行冗余数据传输来实现。

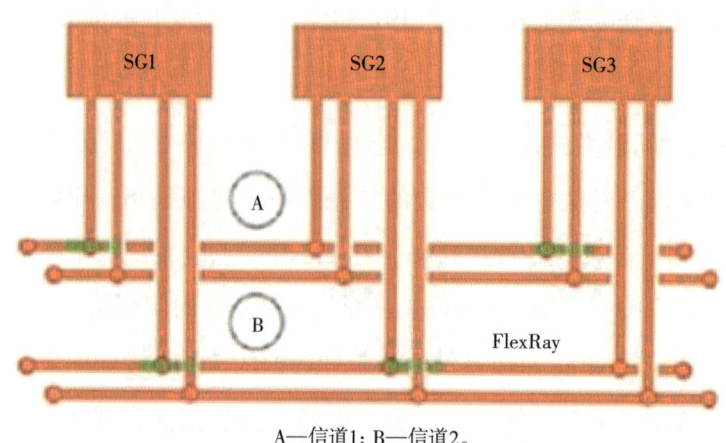

A—信道1；B—信道2。

图 5-5 FlexRay 总线双通道

（六）灵活性

在 FlexRay 协议的开发过程中，关注的主要问题是灵活性，反映在如下几个方面：①支持多种方式的网络拓扑结构；②消息长度可配置：可根据实际控制应用需求，为其设定相应的数据载荷长度；③使用双通道拓扑时，既可用于增加带宽，也可用于传输冗余的消息；④周期内静态、动态消息传输部分的时间都可随具体应用而定。

三、通信节点架构

每个 FlexRay 节点都包括一个控制器部件和一个驱动器部件。控制器部件包括一个主处理器和一个通信控制器。驱动器部件通常包括总线驱动器和总线监控器（可选择）。总线驱动器将通信控制器与总线相连接，总线监控器监视接入总线的连接。主机通知总线监控器、通信控制器分配了哪些时槽。总线监控器只允许通信控制器在这些时槽中传输数据，并激活总线驱动器。若总线监控器发现时间时序有间隔，则断开通信信道的连接（见图 5-6）。

主处理器提供和产生数据，并通过 FlexRay 通信控制器传送出去。其中总线驱动器和

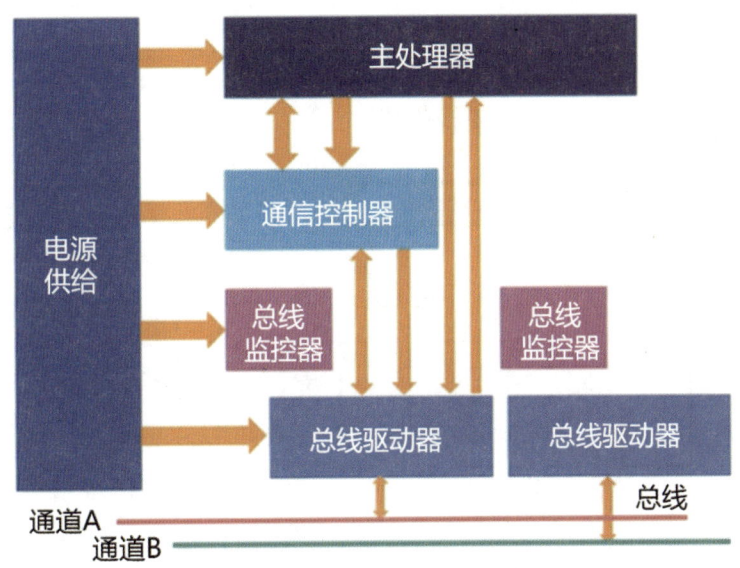

图 5-6 FlexRay 总线节点结构

总线监控器的个数对应于通道数，总线驱动器与通信控制器和主处理器相连。总线监控器必须独立于其他的通信控制器。总线驱动器连接着通信控制器和总线，或总线监控器和总线。

通信节点的两个通信过程为：

1. 发送数据

主处理器将有效的数据发送给通信控制器，在通信控制器中进行编码，形成数据位流，通过总线驱动器发送到相应的通道上。

2. 接收数据

在某一时刻，由总线驱动器访问栈将数据位流送到通信控制器进行解码，将数据部分由通信控制器传送给主处理器。

四、FlexRay 总线组成

FlexRay 总线和 CAN 一样也是两根线，可采用屏蔽或不屏蔽的双绞线。每个信道有两根导线，即正总线（Bus-Plus，BP）和负总线（Bus-Minus，BM）（见图 5-7）。

可通过测量 BP 和 BM 之间的电压差来判断总线状态。这样可减少外部干扰对总线信息的影响，因为当干扰同时作用在两根导线上时可相互抵消。

与大多数总线系统一样，为了避免在导线上产生信号反射，FlexRay 上的数据导线两端也使用了终端电阻（作为总线终端）。这些终端电阻的阻值由数据传输速率和导线长度决定。终端电阻位于各个控制单元内部。每个通道都需使用 80~110Ω 的终端电阻。

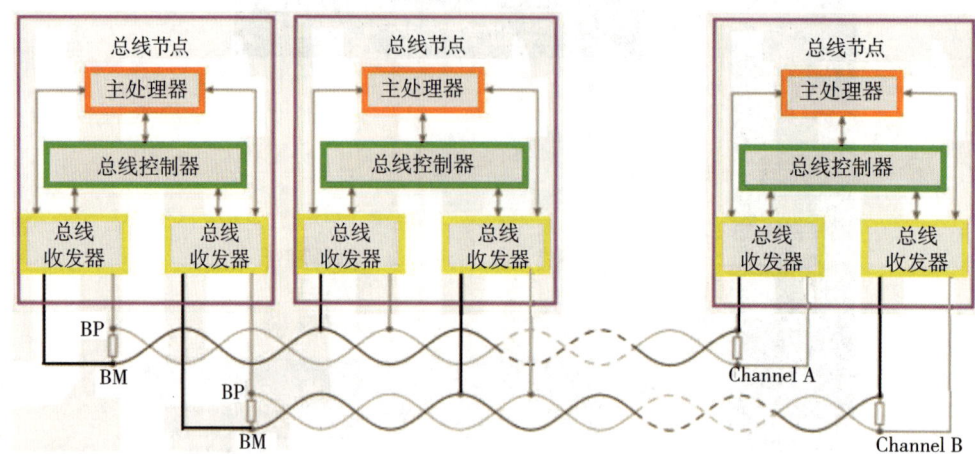

图 5-7 FlexRay 总线组成

五、FlexRay 总线电压

总线控制模块将不同的电压加载在一个通道的两根导线上，可使总线有 4 种状态：Idle_Lp（Low power）、Idle、Data_0 和 Data_1（见图 5-8）。

显性：差分电压不为 0V（Data_0 和 Data_1）。

隐性：差分电压为 0V（Idle_Lp、Idle）。

FlexRay 总线系统的电压范围如下：

（1）系统接通：如无通信，则其电压为 2.5 V。

（2）高电平信号：为 3.1 V。

（3）低电平信号：为 1.9 V。注：电压值以对地（搭铁）测量方式得到。

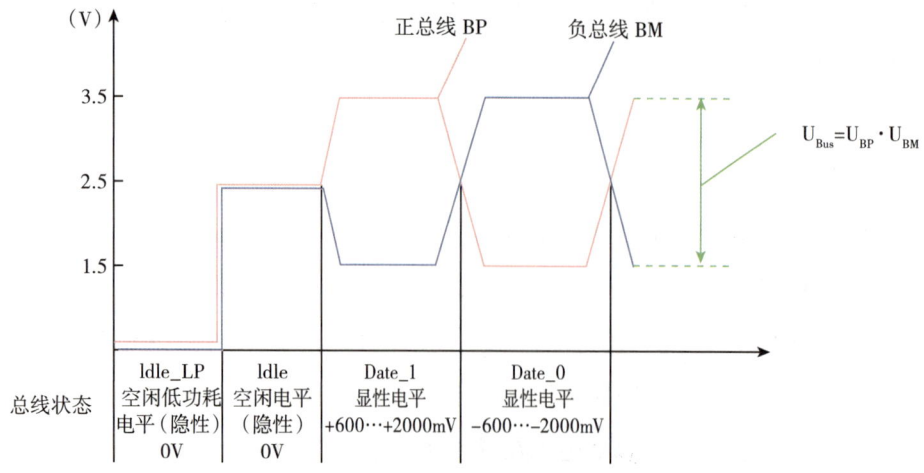

图 5-8 FlexRay 总线电压

六、总线拓扑结构

FlexRay 总线拓扑有以下 3 种结构（见图 5-9）。

（1）线形总线拓扑结构。

（2）星形总线拓扑结构。

（3）混合型总线拓扑结构。

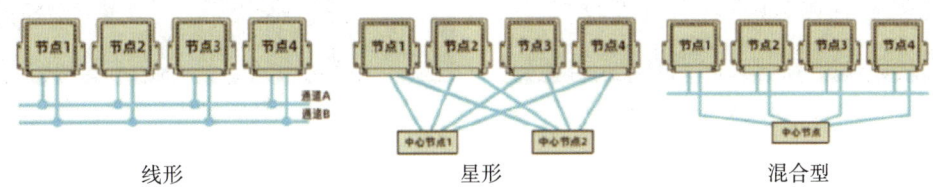

线形　　　　　　　星形　　　　　　　混合型

图 5-9　FlexRay 总线拓扑图

通常，FlexRay 节点可以支持两个通道，因而可以分为单通道和双通道两种系统。在双通道系统中，不是所有节点都必须与两个通道连接。如果系统采用双通道，即两条并行总线，每个控制器或是接在两通道或只是接在两通道之一。但通信只能在同一条总线上的控制器中进行，即通信控制器接在通道 A 上，就不能与接在通道 B 上的通信控制器通信。第二条通道，对于安全性要求很高的数据信息来说，不仅采用冗余的方法（通信控制器要向两个通道发送同一个数据信息），而且可提高带宽（在两个通道上发送不同的数据信息）。

与线形结构相比，星形结构的一个重要优势在于，它在接收器和发送器之间提供点到点连接。该优势在高传输速率和长传输线路中尤为明显。另一个重要优势是错误分离功能。例如，如果信号传输使用的两条线路短路，总线系统在该信道不能进行进一步的通信。如果使用星形结构，则只有到连接短路的节点才会受到影响，其他所有节点仍然可以继续与其他节点通信。

七、信号特性

FlexRay 总线信号必须在规定范围内。图 5-10 给出了总线信号的正常波形和异常波形。无论是在时间轴上还是电压轴上，总线信号都不应进入内部区域。

FlexRay 总线系统是数据传输速率较高且电平变化较快的一种总线系统，对电平高低以及电压上升沿和下降沿的斜率都有严格的规定，必须达到规定数值，且信号波形不得进入所标记的区域（绿色或红色六边形）。因导线安装不正确、接触电阻等产生的电气故障可能会导致数据传输出现问题。

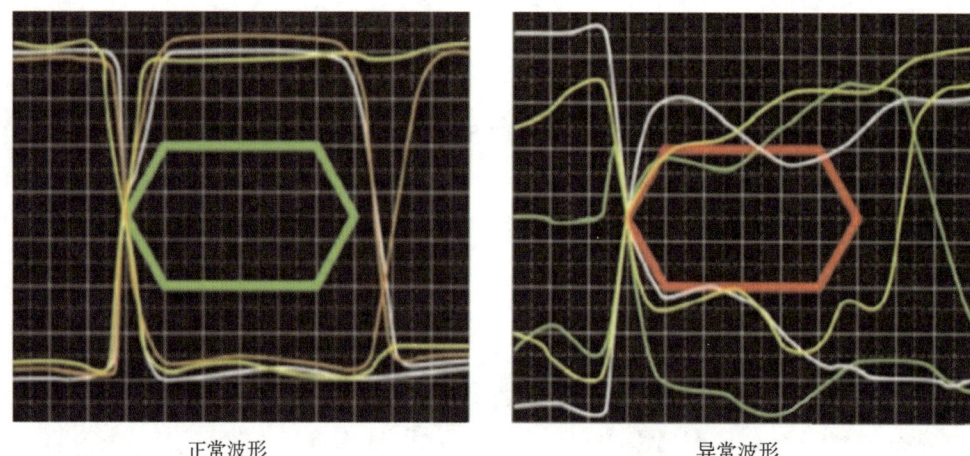

| 正常波形 | 异常波形 |

图 5-10 FlexRay 总线波形

八、数据帧

一个数据帧由头段（Header Segment）、有效负载段（Payoad Segment）和尾段（Trailer Segment）3 部分组成（见图 5-11）。

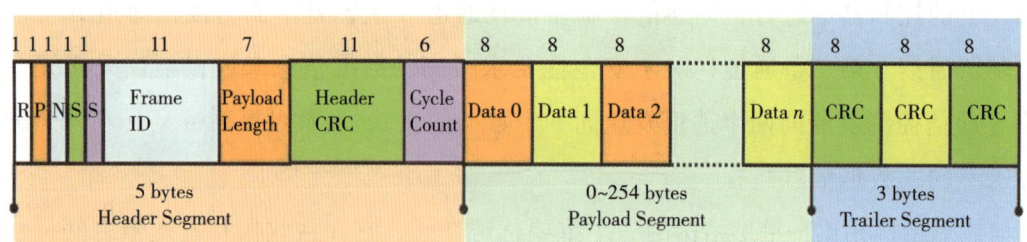

图 5-11 FlexRay 总线数据帧

（一）头段

头段由 5 个字节（40 位）组成，包括以下几位：

（1）保留位（1 位）：为日后的扩展做准备。

（2）负载段前言指示（1 位）：指明负载段的向量信息。

（3）无效帧指示（1 位）：指明该帧是否为无效帧。

（4）同步帧指示（1 位）：指明这是否为一个同步帧。

（5）起始帧指示（1 位）：指明该帧是否为起始帧。

（6）帧 ID（11 位）：用于识别该帧和该帧在时间触发帧中的优先级。

（7）负载段长度（7 位）：标注一帧中能传送的字数。

（8）头部 CRC（11 位）：用于检测传输中的错误。

(9) 周期计数（6 位）：每一通信开始，所有节点的周期计数器增 1。

(二) 有效负载段

是用于传送数据的部分。FlexRay 有效负载段包含 0~254 个字节数据。对于动态帧，有效负载段的前两个字节通常用作信息 ID，接收节点根据接收的 ID 来判断是否为需要的数据帧。对于静态帧，有效负载段的前 13 个字节为网络管理向量（NM），用于网络管理。

(三) 尾段

尾段只含 24 位的校验域，包含了由头段与有效负载段计算得出的 CRC 校验码。计算 CRC 时根据网络传输顺序将从保留位到负载段最后一位的数据放入 CRC 生成器进行。

九、编码与解码

编码的过程实际上就是对要发送的数据进行相应的处理"打包"的过程，如加上各种校验位、ID 符等。

编码与解码主要发生在通信控制器与总线驱动器之间（见图 5-12）。

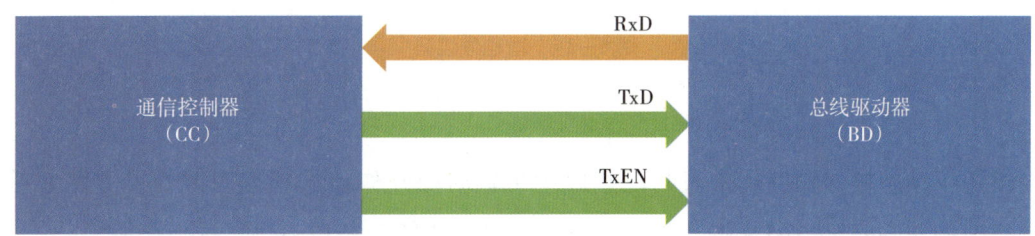

图 5-12 FlexRay 总线编码与解码

其中 RxD 为接收信号，TxD 为发送信号，TxEN 为通信控制器请求数据信号。信息的二进制表示采用"不归零"码。对于双通道的节点，每个通道上的编码与解码的过程是同时完成的。

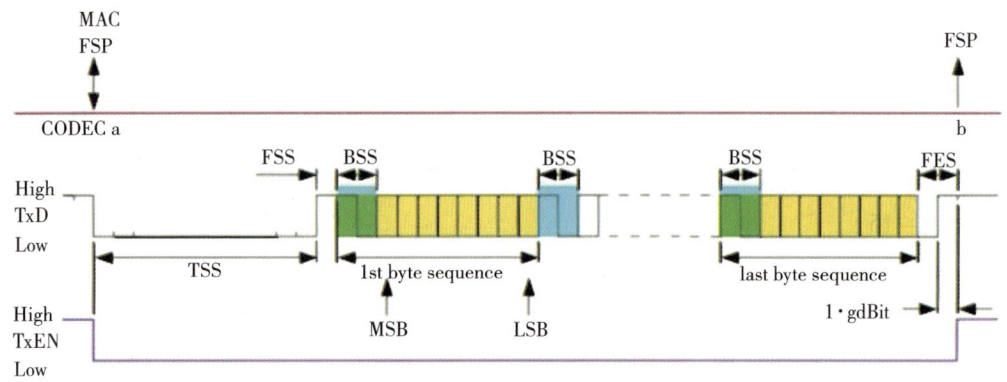

图 5-13 静态帧编码

1. TSS（传输启动序列）

用于初始化节点和网络通信的对接，为一小段低电平。FSS（帧启动序列）：用来补偿 TSS 后第一个字节可能出现的量化误差，为一位高电平。BSS（字节启动序列）：给接收节点提供数据定时信息，由一位高电平和一位低电平组成。

2. FES（帧结束序列）

用来标识数据帧最后一个字节序列结束，由一位低电平和一位高电平组成。

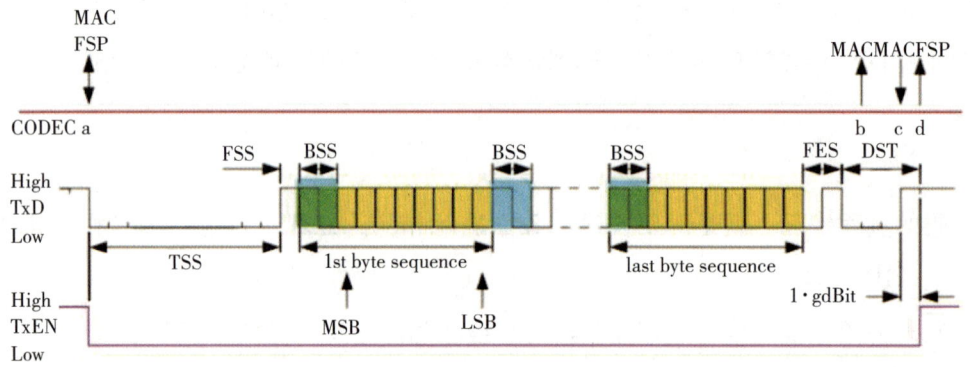

图 5-14 动态帧编码

3. DST（动态段尾部序列）

仅用于动态帧传输，用来表明动态段中传输时隙动作点的精确时间点，并防止接收段过早地检测到网络空闲状态。其由一个长度可变的低电平和一位高电平组成。

将这些序列与有效位（从最大位 MSB 到最小位 LSB）组装起来就是编码过程，最终形成能够在网络中传播的数据位流。

十、FlexRay 总线应用领域

现阶段，FlexRay 总线主要用于车辆行驶动态管理系统和发动机管理系统的联网，是行驶管理系统的综合性主总线系统。比如，动态稳定控制系统（DSC）、垂直动态管理系统（VDM）、转向柱开关中心（SZL）、后桥侧偏角控制（HSR）、主动转向（AL）、变换车道警告（SwWw）、电子减震器控制系统卫星控制单元、集成式底盘管理系统（ICMO）等（见图 5-15）。

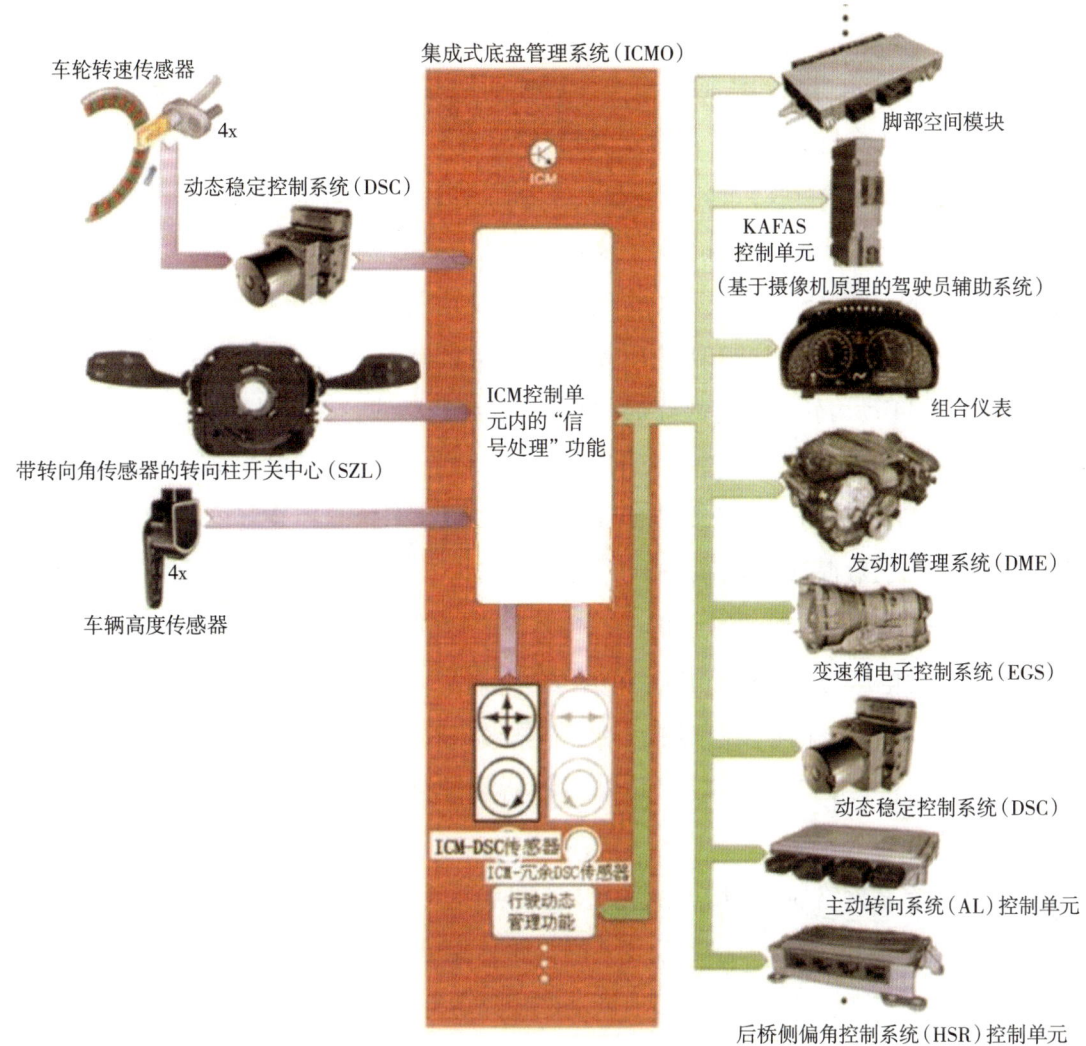

图 5-15　宝马轿车集成式底盘管理系统信号处理和分配

技能演练

一、操作准备

准备演练所需要的工具仪器和设备,包括万用表、诊断仪、示波器、整车、维修手册、充电机、导线、保险丝、继电器、世达工具套装等。

二、FlexRay 总线系统的故障检修

(一) 故障案例

一辆 2019 年新款奥迪 A7L 轿车,该车变速器和四轮驱动偶尔报警。

(二) 故障诊断

(1) 首先根据销售顾问的描述试车，当加油后踩制动踏板减速到33km/h左右时，变速器红灯报警（变速器故障，注意安全），然后熄灭，接着四轮驱动系统报警（四轮驱动系统故障，可以继续行驶），一直亮起，伴随轻微的耸车，可能是四轮驱动控制单元工作的原因，当停车后重新开闭钥匙门，仪表报警消失。

(2) 用诊断仪VAS6150E读取故障码：02变速器电控系统里有故障码"FlexRay数据总线，损坏（偶发）"。22四轮驱动电子设备里有故障码"FlexRay数据总线，损坏（偶发）"。44动力转向里有故障码"FlexRay数据总线，无同步（偶发）"。根据引导型故障查询得出数据总线J533、J500、J492和J217（FlexRay分支2）故障。

(3) 检查FlexRay分支2的变速器控制单元J217、全轮驱动控制单元J492、转向助力控制单元J500、数据总线接口J533。

(4) 检查FlexRay总线的布线情况，肉眼没有发现损坏问题。读取控制单元数据块测量值：蓄电池电压为12.89V，发电机电压为10.6V；FlexRay分支2的变速器控制单元J217电压为12.6V，全轮驱动控制单元J492电压为12.4V，转向助力控制单元J500电压为12.4V，数据总线接口J533电压为12.2V。所测量的电压均在正常范围内，各个控制单元的搭铁良好。

(5) 根据车载网络的FlexRay总线的支路图（见图5-16），测量各个支路的导线和控制单元的终端电阻，由于车辆的配置不同，此车没有支路B，只存在支路A，测量的工作量减少了不少。测量发现，导线没有断路和短路等问题，线路中间的控制单元J217和J492电阻为2.6kΩ左右，线路终端的控制单元J500电阻为94Ω左右，各个控制单元的终端电阻也正常，终端的控制单元测量FlexRay总线的电压，高线为2.4V，低线为2.6V，没有发现任何问题。

(6) 找来相同配置的车进行零件互换，先替换数据总线接口J533，试车，当车辆加速踩制动踏板减速时，变速器红灯报警，接着四轮驱动黄灯49%，来回开关钥匙门报警灯消失，车辆恢复正常。检测，有和之前类似的故障码：02变速器电控系统里有故障码"FlexRay数据总线，损坏"。22四轮驱动电子设备里有故障码"FlexRay数据总线，损坏"。44动力转向里有故障码"FlexRay数据总线，无同步"。由于是踩制动踏板出现的报警，接着替换ABS控制单元J104，再次试车，故障依然出现。接着又替换了变速器控制单元J217，再次试车，故障依然出现，但是和之前出现故障的时间点不一样，伴随的现象也不一样，不再是加油后踩制动踏板减速到33 km/h左右时报警，而是正常加油的时候突然转速提高，像切换到空挡一样，同时变速器红灯报警（变速器故障，注意安

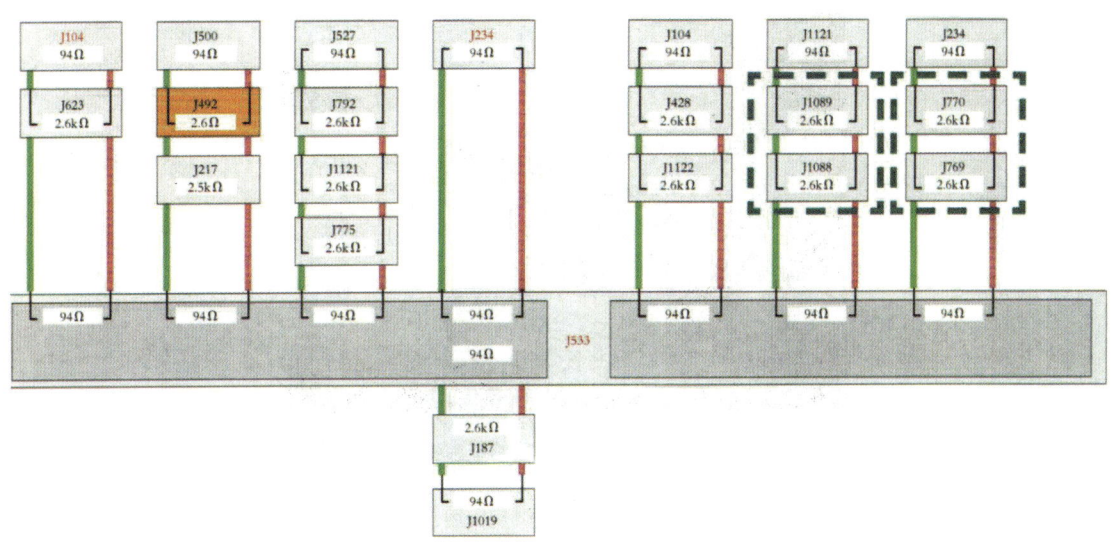

图 5-16　FlexRay 总线的支路

全），然后熄灭，接着四轮驱动系统报警（四轮驱动系统故障，可以继续行驶），一直亮起。最后替换全轮驱动控制单元 J492，试车故障再次出现，报警也变得没有规律，有时起车就报警，踩加速踏板转速提升但车不走，有时试很长时间车也不报警。

（7）从数据总线接口 J533 处断开 FlexRay 分支 2，得到变速器控制单元 J217、全轮驱动控制单元 J492、转向助力控制单元 J500 无通信和 FlexRay 数据总线支路 2 损坏。同时 FlexRay 数据总线支路 1 的控制单元里报有 FlexRay 数据总线损坏的故障，而故障点明明在 FlexRay 数据总线支路 2，说明报故障的逻辑不一样，所以说故障点又可能不在 FlexRay 数据总线支路 2 上，又对其他的 FlexRay 总线进行测量和检测，没有发现故障点。

（8）进行飞线尝试，故障现象变为偶发，有时打开点火开关仪表就开始报故障，有时长时间试车故障不出现。在拆除线束的时候，由于忘记关闭钥匙门，拆到全轮驱动控制单元 J492 插头线束的时候，全轮驱动控制单元 J492 有工作的声音，经过反复的尝试和排查，发现线束卡子处可能有问题，拆开线束胶带，理顺线束，固定线束。试车后故障没有出现，往后客户没有再次抱怨。故此故障原因是原车线束弯折干扰 J492 工作（见图 5-17）。

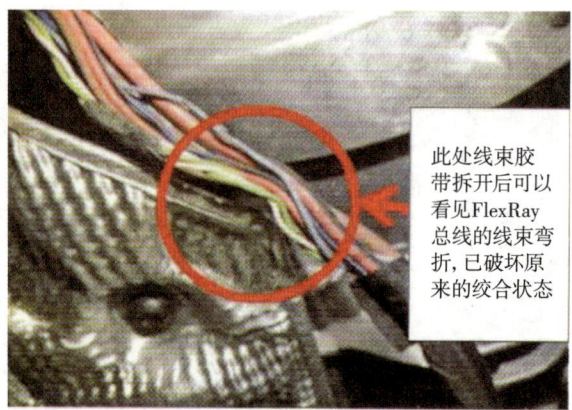

图 5-17 FlexRay 总线线束弯折

项目六
车载以太网总线系统检修

情景描述

随着汽车智能化、网络化的发展，车载娱乐系统的发展，以及云服务、远程诊断、大数据等新兴技术的发展，现有总线难以满足数据传输的需求。车载以太网作为一种高宽带、易扩展且与现有互联网底层技术高度兼容，同时可以满足车载网络严苛的法规要求的总线系统应运而生。车载以太网与其他总线技术相比具有巨大的优势，解决了当前总线系统的技术问题，而且有潜力发展为 1000M 车载网络，发展前景光明。因此我们需要全面了解车载以太网的结构和控制原理。

学习目标

- 熟悉以太网总线系统的作用及结构组成
- 能够查找维修手册，识读和分析以太网总线电路
- 能够检测并分析以太网总线系统的波形
- 能够检修排除以太网总线系统故障

知识链接

一、车载以太网概述

车载以太网（Automotive Ethernet）是指在汽车内部使用以太网技术进行数据传输和通信的网络系统。它采用了以太网协议和物理接口，具有高速、可靠的数据传输能力，用于连接车辆的各种电子控制单元、传感器、执行器和信息娱乐系统等；主要用于车辆内部各个系统之间的通信和数据交换，如车辆控制单元之间的数据传输、实时传感器数

据的收集和处理、信息娱乐系统的互联与娱乐内容的分发等。它同时支持多种应用场景，如车载娱乐系统、车辆诊断系统、驾驶辅助系统等。

以太网（Ethernet）最早是由 Xerox（施乐）公司创建的局域网组网规范。1980 年，DEC、Intel 和 Xerox 三家公司联合开发了初版 Ethernet 规范——DIX 1.0，1982 年，这三家公司又推出了修改版本 DIX 2.0，并将其提交给 IEEE 802 工作组，经 IEEE 成员修改并通过后，成为 IEEE 的正式标准，并编号为 IEEE 802.3。虽然 Ethernet 规范和 IEEE 802.3 规范并不完全相同，但一般认为 Ethernet 和 IEEE 802.3 是兼容的。

以太网是应用最广泛的局域网技术。根据传输速率的不同，以太网分为标准以太网（10Mbit/s）、快速以太网（100Mbis）、千兆以太网（1000Mbs）和万兆以太网（10Gbit/s），这些以太网都和 IEEE 802.3 是兼容的。

自 1980 年至今，IEEE 组织、OPEN Alliance SIG 组织、宝马、博通公司等对传统以太网在汽车领域的应用拓展发挥了十分关键的作用，重要里程碑事件记录如下：

1980 年，Ethernet 1.0 成功发布。

1985 年，IEEE 802 工作小组公布 IEEE802.3 协议，推出了基于 CSMA/CD 的 10M 以太网技术。

2004 年，BMW 公司考虑采用博通公司的以太网技术并于 2008 年在宝马 7 系上成功量产以太网刷写技术，其中关键点在于博通公司的单对非屏蔽以太网全双工技术，并保证 EMC 测试全部通过。

2013 年，BroadR-reach 技术在宝马 5 系的环视系统中成功量产。

近年来由著名汽车整车厂与供应商组成的 OPEN Alliance SIG 相继发布了 TC8（车载以太网 ECU 测试规范）以及 TC10（车载以太网休眠唤醒规范），同时携手 IEEE 将车载以太网标准转化为通用标准。

IEEE 组织、OPEN Alliance SIG 组织、AVNU 组织、AUTOSAR 组织的共同发展与合作，规范了车载以太网符合 OSI 模型的整体架构，如图 6-1 所示。

AVNU：致力于推进 AVB/TSN 时间敏感网络在汽车领域的应用，使以太网成为一种时间确定性的实时网络。

IEEE：电气与电子工程师协会，其中 802 工作小组致力于推进以太网相关标准的制定与完善。

AUTOSAR：汽车开放式系统架构组织，致力于实现汽车软硬件之间解耦的标准，同时为车载以太网软件层级做出了相关规范说明。

OPEN Alliance SIG：为非营利性的汽车行业和技术联盟，旨在鼓励大规模使用以太网

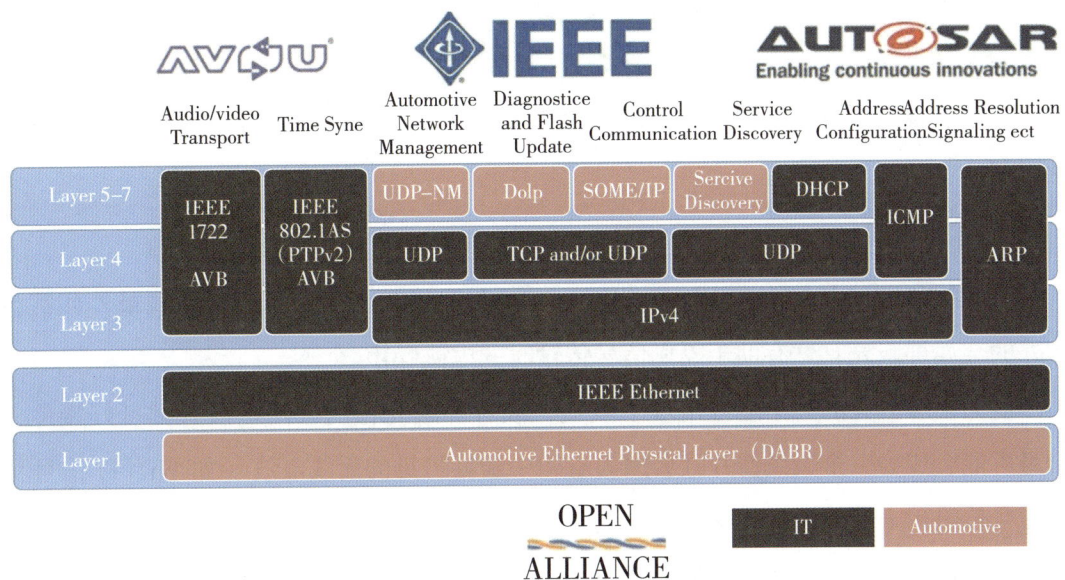

图 6-1 车载以太网 OSI 总体架构

作为车联网标准。

同时,从图 6-1 中可以看出标记为"IT"则为传统以太网技术协议规范,而标记为"Automotive"则为车载以太网技术协议规范。

显而易见,除了物理层、UDP-NM、DOIP、SOME/IP、SD 这 5 个模块为车载以太网技术协议规范,其余均为传统以太网技术。

车载以太网在协议层上和传统的以太网是兼容的,但是物理层有较大的区别。

车载以太网与传统以太网相比,车载以太网仅需要使用 1 对双绞线,而传统以太网则需要多对,线束较多。

通常,双绞线有两种规格:屏蔽线及非屏蔽线。

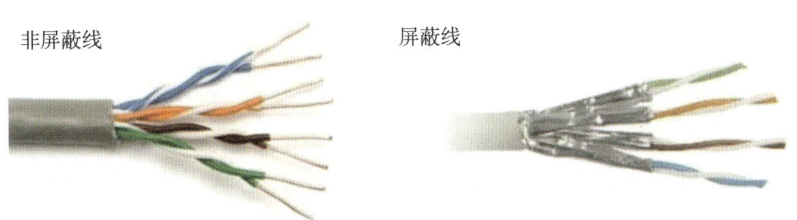

图 6-2 车载以太网双绞线

注意,不管哪种规格,网线中都有 4 对导线,也就是 4 个独立的数据通道。

1. 非屏蔽线

非屏蔽线(Unshielded Twisted Pair,UTP)在实际工程部署中更为常见。它对外部的电磁噪声没有额外的防护，但得益于双绞线的固有特性，其数据传输也非常可靠。我们将在后文详细阐述。

非屏蔽线更便宜，物理韧性更好，也更软。这些优点使得非屏蔽线在大多数场合更受欢迎。

2. 屏蔽线

屏蔽线（Shielded Twisted Pair，STP）在每对双绞线以及全部 4 对导线最外侧都包有额外的金属屏蔽壳，这有助于隔离信号传输时的电磁噪声。

但如果屏蔽壳的某个地方出现了破损，或者屏蔽壳在网线两端没有都良好接地，它自身可能会成为一个天线，并且会因为空间中随处可见的无线电波（如 Wi-Fi 信号）而给信号传输带来额外的电磁噪声。

更为甚者，屏蔽线必须与带屏蔽的 8P8C 插头一起使用，才能实现全链路端到端的屏蔽功能。

显然，屏蔽线肯定更贵，也比非屏蔽线更脆弱，因为如果屏蔽线被过度弯曲的话，其屏蔽壳很容易破损。因此，屏蔽线的使用场合比非屏蔽线少得多。

屏蔽线通常只会用在对电磁屏蔽高度敏感的场合，如网线紧挨着发电机或者重型机械的输电线等。

同时，传统以太网一般使用 RJ45 连接器连接，而车载以太网并未指定特定的连接器，连接方式更为灵活小巧，能够大大减轻线束重量。此外，车载以太网物理层需满足车载环境下更为严格的 EMC 要求，对于非屏蔽双绞线的传输距离可达 15m（屏蔽双绞线可达 40m）。

虽然车载以太网只采用单对差分电压传输的双绞线，但是 100Mbit/s 以太网可以通过回声消除技术来实现全双工通信。

二、车载以太网的结构

车载以太网是一种用于汽车内部通信的网络技术，它基于以太网协议，用于连接车辆内部的各种电子设备和系统。其结构如下：

（一）物理层

车载以太网使用双绞线或光纤作为物理媒介，通过物理层的传输介质将数据传输到各个节点。常见的物理层标准包括 10BASE-T（标准以太网）、100BASE-TX（快速以太网）和 1000BASE-T（千兆以太网）等。开头的数字表示网线每秒可以传输多少兆

（百万）比特，即 Mbps。100Mbps 的网线理论上每秒可传输 100000000 个比特，大概每秒 12.5 兆字节（MBps），注意大写的 B 和小写的 b 分别代表字节和比特。

BASE 这个概念是"基带"（Baseband）信号的缩写，对应的概念是"宽带"（Broadband）信号。这些概念刚出现的时候，其区别是基带在介质中传输数字信号，宽带在介质中传输模拟信号。

模拟信号会随时间变化，而且通常被限制在一个范围内（如 +12V 至 -12V）。但在这个连续的范围内，它会有无限多个值。

模拟信号通常用于反映光线、声音、温度、位置、压力或其他物理现象的变化。绘制电压与时间的关系图，我们会发现模拟信号会产生平滑而连续的曲线，不会产生任何离散变化。

数字信号则将数据表示为一连串离散的值。在给定时间内，数字信号只能从有限的组可能值中选取一个值。

"-T"表示其为双绞线（Twisted Pair）。相似的标准还有"-2"及"-5"，表示其是最大长度为 200m 和 500m 的同轴电缆，以及"-SR"和"-LR"，表示其为短距离（Short Range）光纤和长距离（Long Range）光纤。

100BASE-TX（包括全部 8 根线）是如今最常用的快速以太网标准。但是，它通常被简写成 100BASE-T。再强调一下，T 只表示其为双绞线，而 TX 才表示其使用了 1&2 及 3&6 两对线。也就是说，100BASE-TX 只使用了网线中的 2 对双绞线，其中一对用于 TX，另一对用于 RX，剩下两对双绞线没有使用。因此我们完全可以做一根只有 4 根线的网线以实现 100BASE-TX 的所有功能，只要插口触点位置正确即可（位号 1、2、3、6），但通常网线铺设过程中，另外 4 根线也保留了下来，用于占位，并适配未来可能的场景升级。

（二）数据链路层

车载以太网使用帧格式来封装数据，每个数据帧包含源地址、目标地址、数据内容和校验等字段。数据链路层负责将数据帧从一个节点传输到另一个节点，并进行错误检测和纠正。

（三）网络层

车载以太网使用 IP 协议来进行网络寻址和路由。每个节点都有一个唯一的 IP 地址，通过 IP 地址可以实现节点之间的通信。

（四）传输层

车载以太网使用 TCP 或 UDP 协议来提供可靠的数据传输服务。TCP 协议提供面向连

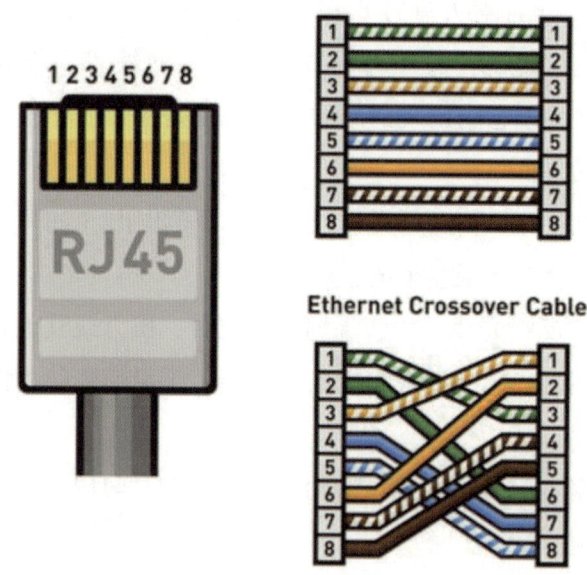

图 6-3 车载以太网接口接线图

接的可靠传输，而 UDP 协议提供无连接的不可靠传输。

（五）应用层

车载以太网支持各种应用层协议，如 HTTP、FTP、CAN 等。这些协议可以实现车辆内部各个系统之间的数据交换和通信。

总结起来，车载以太网通过物理层的传输介质将数据传输到各个节点，使用帧格式封装数据，并通过 IP 协议进行寻址和路由，最终通过 TCP 或 UDP 协议提供可靠的数据传输服务，实现车辆内部各个系统之间的通信。

三、车载以太网物理层特性

（一）车载以太网回声消除的原理

传统的百兆以太网使用 2 对双绞线共 4 条线进行数据传输，上行数据和下行数据各 2 条线，实现同一时刻可以同时接收和发送数据帧的全双工模式，如图 6-4 所示。而车载以太网通过使用回音消除技术，只使用 1 对双绞线就可以完成双向 100Mbps 的全双工数据传输模式，如图 6-5 所示。

在与车载以太网相连的控制单元通过物理层（Physical Layer，PHY）接口与双绞线相连。在车载以太网中，双绞线两端的 PHY 会同时以相同频率发出信号，因此接收到的信号中，会混合对方发来的信号和自身发出的信号。所谓回声消除技术就是从混合信号

项目六 车载以太网总线系统检修 06

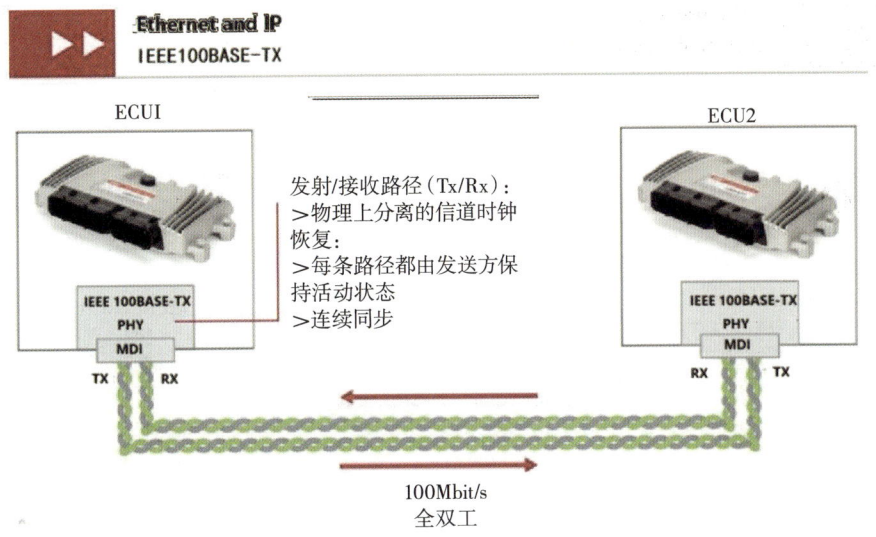

图 6-4　IEEE 100BASE-TX 全双工

中去除自身发出的信号。

上述原理可以这样解释：因为发送信号本质上是往导线上施加电压。反之，接收信号就是读取导线上的电压值。

如果发送方往某根导线上施加了以下电压：

+0.5V, +1V, -2V, -1V

同时，也是发送方，它在同一根导线上读取到了以下电压值：

1.5V, 0V, -2.5V, +1V

那么，发送方可做一个减法，用读取值减去其发送的值，这样就能得到对方往这根线上加了多高的电压：

+1V, -1V, -0.5V, +2V

如此一来，同一根线就能在同一时间，同时发送和接收数据了。

再次强调，上述电压值仅为了解释回声消除技术原理，实际情况下，电压值可能完全不同，还会包含电磁干扰等。这只是双绞线中的一根线，另一根线仍然会承载反向的电压。

使用这种技术，全部 4 对线都可被同时用作 TX 和 RX。

所以回声消除技术可以简单理解为：作为发送方的节点将自己要发送的差分电压加载到双绞线上，而作为接收者的节点则将双绞线上的总电压减去自己发出去的电压，做减法得到的结果就是发送节点发送的电压。

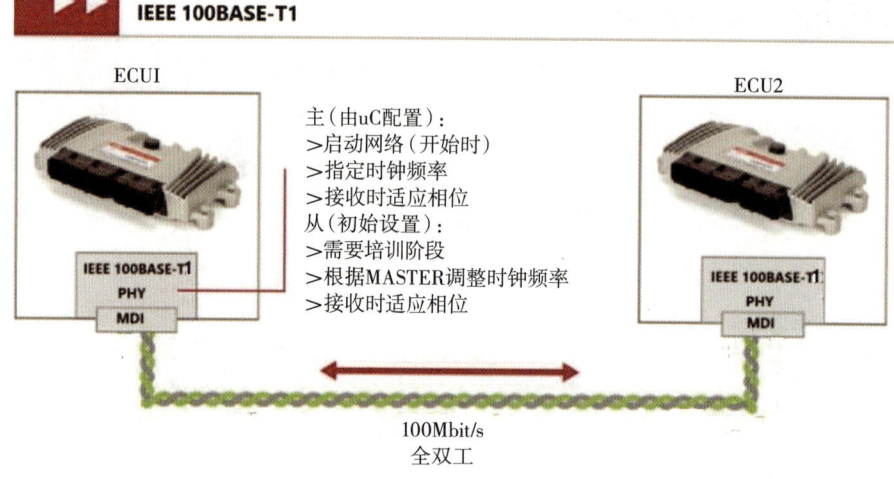

图 6-5　IEEE 100BASE-T1 全双工

（二）车载以太网波形特征

搭载车载以太网的控制单元，通过一个标准化的名为 MII（与介质无关的接口）的接口与 PHY 通信。MII 的信号频率是 25MHz，每个周期发送 4bit 的数据，传输速度为 25MHz×4bit=100Mbit/s。在 PHY 内部，则会将这个 25MHz/4bit 的数据转化为 33.3MHz/3bit 的数据，这样就得到了 3bit 一组的数据。3bit 共有 8 种可能性，PHY 将这 8 种可能性用 1V、0V、-1V 的电压来表示（见图 6-6），通过双绞线传输给另一个 PHY。接收方的 PHY 在做了回声消除之后，再用相反的方法将电压变化转化为 bit 数据。

因此，车载以太网的两条信号线之间的电压为 -1V、0V、1V 3 种可能，考虑信号叠加的问题，实际测得的电压有 -2V、-1V、0V、1V、2V 5 种可能。

以上说的电压和波形，是 2 条线路之间的电压。如果按照传统的测量总线的方法，测量单线和接地之间的电压，单个 PHY 在单条线路上的电压可能为 0.5V、0V、-0.5V。以 EHT-H 的电压为 0.5V 为例，2 条线之间的相对电压为 0.5-（-0.5）=1V。

以太网高线和低线之间的电压永远是反相的，即高线为 1V，低线则为 -1V；如果高线为 -0.5V，则低线为 0.5V。这样 2 条线的电磁干扰就可以相互抵消，防止因为高频信号对其他线路造成干扰。

车载以太网相连的控制单元通过 PHY 接口与双绞线相连。在车载以太网中，双绞线两端的 PHY 会同时以相同频率发出信号，因此接收到的信号中，会混合对方发来的信号和自身发出的信号。

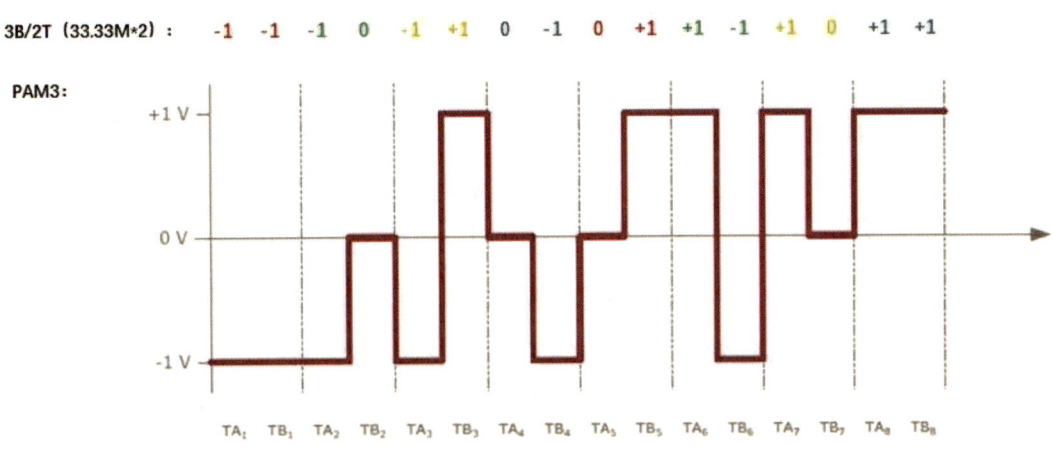

图 6-6　100BASE-T1 以太网波形

（三）车载以太网拓扑结构

与 CAN 总线的线形拓扑结构不同，车载以太网的拓扑结构为星形，所有的控制单元都通过 2 线插头与车载以太网交换机相连接。

在车载以太网中，控制单元之间无法直接通信，数据都需要经由以太网交换机转发。有些车辆上，部分控制单元连接在子交换机上，由子交换机二次转发数据，形成树状拓扑结构（见图 6-7）。

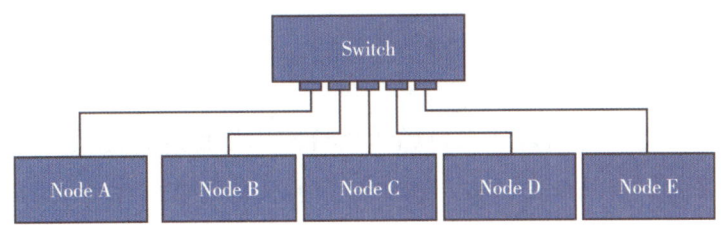

图 6-7　车载以太网拓扑结构

（四）以太网的工作过程

以太网中的主机按如下步骤传输数据：

（1）监听信道上是否有信号在传输。如有，表明信道处于忙状态，继续监听，直到信道空闲为止。

（2）若没有监听到任何信号，就传输数据。

（3）传输的时候继续监听，如发现冲突则执行退避算法（随机等待一段时间后，重新执行步骤1）。当冲突发生时，涉及冲突的计算机会返回到监听信道状态。

注意：每台计算机一次只允许发送一个包，一个拥塞序列，以警告所有的节点。

（4）若未发现冲突则发送成功，所有计算机在试图再一次发送数据之前，必须在最近一次发送后等待 9.6μs（以 10Mbps 运行）。

（五）以太网速率计算

我们通常所说的 10M、100M、1000M、10GE，都是指物理介质每秒可以传送多少比特的数据。在实际中经常使用每秒传送实际数据帧的数目即 PPS（Packets per Second）来表示报文的速率。下面介绍对于以太网来说如何进行链路速率与 PPS 之间的换算。

以太网传送数据时，每两帧之间存在帧间隙（Inter Frame Gap，IFG）。帧间隙的作用是使介质中的信号处于稳定状态，同时让帧接收者对接收的帧做必要的处理（如调整缓存取的指针、更新计数、发中断让主机对报文进行处理）。对于以太网，10M 帧间隙为 9.6μs，100M 帧间隙为 0.96μs，1000M 帧间隙为 0.096μs，10GE 帧间隙为 0.0096μs，这个时间正好相当于传送 96bit 数据的时间。

（六）工作模式

1. 半双工模式

同一时刻只能接收或发送数据的工作模式为半双工模式。在半双工模式下，使用 CSMA/CD 机制来避免冲突。

2. 全双工模式

可以同时接收和发送数据帧。

3. 自协商模式

自协商功能允许一个网络设备将自己所支持的工作模式信息传达给网络上的对端，并接收对方可能传递过来的相应信息。对于两端处于自协商工作方式的设备，最终协商的结果是采用二者技术能力域中优先级低的网口提供的工作方式工作。

（七）车载以太网时代的车辆网络架构

车载以太网用于连接汽车内不同的电气设备，最重要的应用就是域控制器。车载以太网络以高速以太网作为骨干网络，将核心域控制器（动力总成、车身、娱乐、ADAS）连接在一起。

各个域控制器在实现专用的控制功能的同时，提供强大的网关功能。这种基于域控制器的架构改变传统的车载网络中 ECU 到 ECU 的点到点通信方式，如图 6-8 所示。

（1）在车身控制域内部，各部件通过 CAN、LIN 沟通实现数据共享（类似于传统车载架构）。

（2）在娱乐子网中，娱乐域控制器与其子部件的通信通过以太网实现。

（3）当一个域需要与其他域交换信息时则经由网关、以太网路由实现。

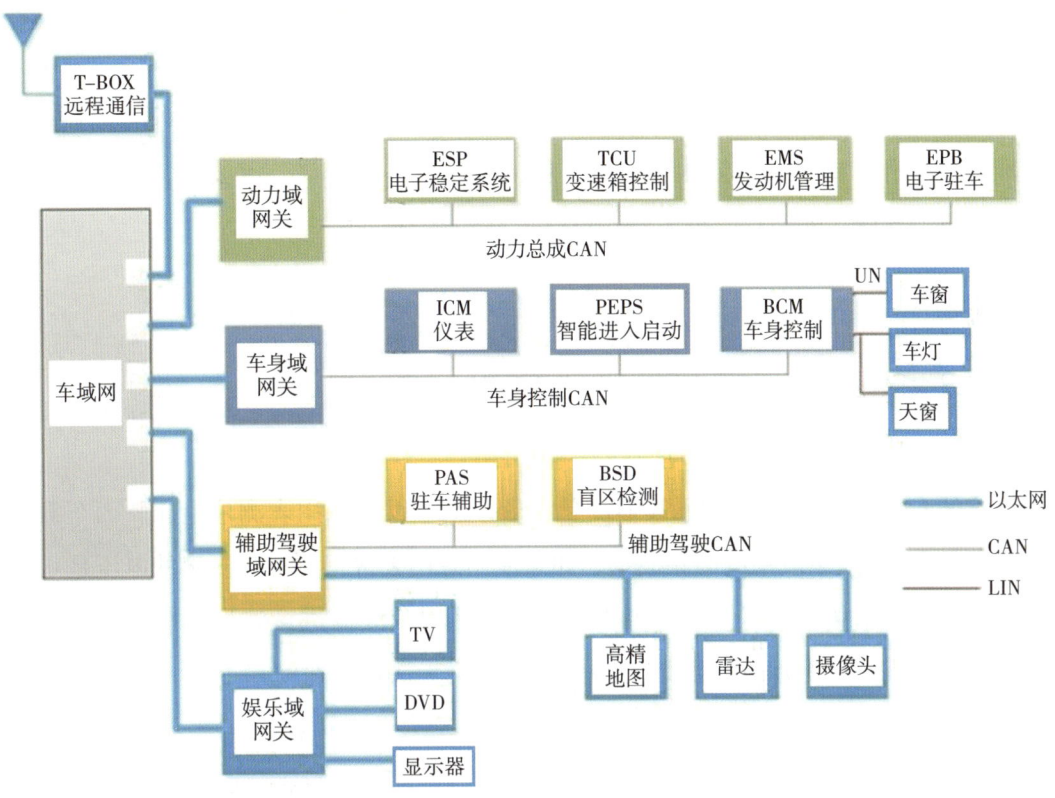

图6-8 车载以太网时代的车辆网络架构

第三阶段使用以太网为车载网络骨干，集成动力总成、底盘、车身、多媒体、辅助驾驶，真正形成一个域级别的汽车网络（见图6-9）。

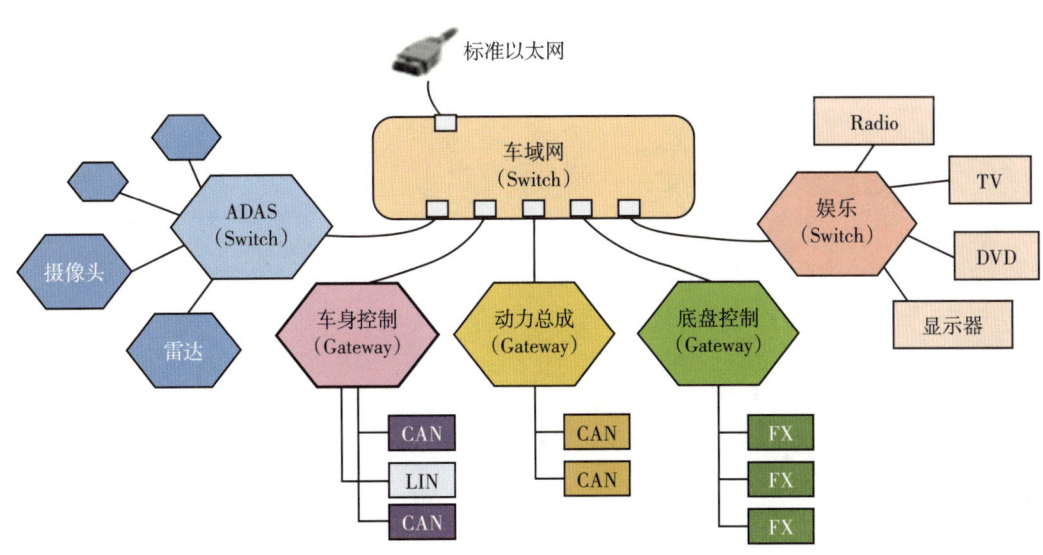

图6-9 车载以太网网络架构

技能演练

一、操作准备

准备演练所需要的工具仪器和设备，包括万用表、诊断仪、示波器、整车、维修手册、充电机、导线、保险丝、继电器、世达工具套装等。

二、以太网系统的故障检修

车载以太网在故障诊断上和 CAN 总线的区别如下：

（一）测量上的区别

传统的 CAN 总线既可以用示波器测量波形，也可以用万用表测量电压。而车载以太网的波形是在 0V 上下波动的高频波形，如果使用万用表进行测量，测出的电压是 0V。

因此，判断车载以太网信号是否正常，只能使用示波器进行波形测量，无法使用万用表进行电压测量。用万用表测得线路电压为 0V，无法说明通信与否。

（二）拓扑结构不同造成的故障现象不同

CAN 总线是一种线形拓扑结构，所有的模块都并联在共同的 2 条线上。以 PT – CAN 为例，只要有一个模块短路，整条总线就会故障，总线上的所有模块都无法通信。只要总线有一点断路，也会造成整条总线瘫痪。

以太网是一种星形/树形结构，每个模块都用单独的线束和交换机相连接。某个模块的线路发生短路或者断路的问题，只会使得该模块无法通信，不会影响其他模块。

项目七

无线通信技术

情景描述

近年来,随着互联网到物联网等信息领域的新一轮变革,我们的生活发生了巨大的变化,一系列耳熟能详的通信技术如 NFC、Wi-Fi、蓝牙、5G 等大大方便了我们的生活。如今车联网已经成为物联网与智能化汽车领域交集的新兴产物。这些通信技术也自然地移步到汽车上,让我们看看搭载物联网技术的车辆有什么新的变化。

学习目标

- 掌握 NFC、蓝牙和 5G 通信技术的概念
- 掌握 NFC、蓝牙和 5G 通信技术的工作原理
- 了解无线通信技术的应用场景

知识链接

一、NFC 技术

(一) NFC 技术起源

NFC,全称是 Near Field Communication,即近场通信,也叫近距离无线通信。它诞生于 2003 年,由飞利浦和索尼这两个移动设备巨头联合研发。2004 年,两大巨头与诺基亚一起创建 NFC 论坛,开始推广 NFC 的应用。NFC 是一种短距离的高频无线通信技术,允许电子设备之间进行非接触式点对点数据传输(见图 7-1)。

图 7-1　短距离通信

归根结底，NFC 起源于 RFID。

RFID（Radio Frequency Identification），即无线射频识别技术，又名电子标签。

顾名思义，RFID 的工作原理就是给物品附着一个集成射频模块与天线环路的专用电路标签（见图 7-2）。

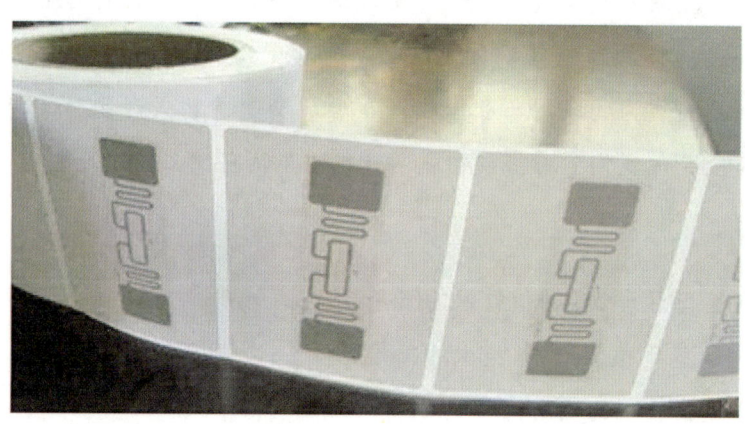

图 7-2　RFID 电路

NFC 与 RFID 在物理层面看上去很相似，但实际上是两个完全不同的领域，因为 RFID 本质上属于识别技术，而 NFC 属于通信技术（见图 7-3）。

 vs

图 7-3　NFC 与 RFID 的区别

NFC 诞生之初,就兼容了索尼公司的 FeliCaTM 标准,以及 ISO 14443 A、B,也就是飞利浦的 Mifare 标准,业界简称为 Type A、Type B 和 Type F,其中 Type A、Type B 为 Mifare 标准,Type F 为 Felica 标准。

(二) NFC 的 3 种工作模式

1. 主动模式

在主动模式下 NFC 终端可以作为一个读卡器,发出射频场(RF – field)去识别和读/写别的 NFC 设备信息(见图 7 – 4)。

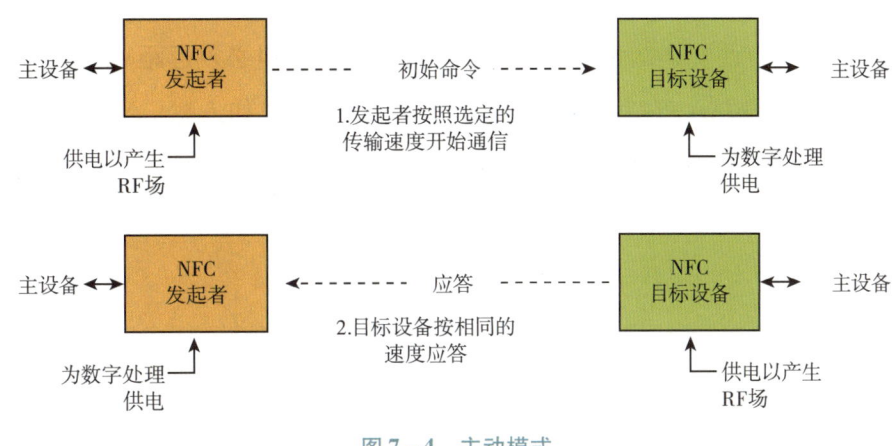

图 7 – 4 主动模式

2. 被动模式

这个模式正好和主动模式相反,此时 NFC 终端被模拟成一张卡,它只在其他设备发出的射频场中被动响应,被读/写信息(见图 7 – 5)。

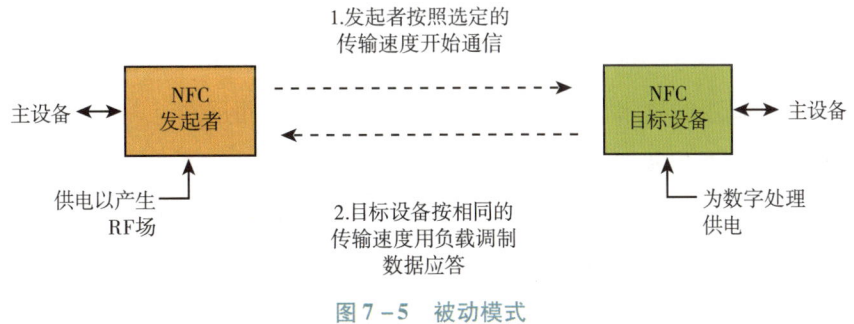

图 7 – 5 被动模式

3. 双向模式

在此模式下,NFC 终端双方都主动发出射频场来建立点对点的通信,相当于两个 NFC 设备都处于主动模式。

以被动模式为例:启动 NFC 通信的设备,也称 NFC 发起设备,在整个通信过程中提供射频场。它可以选择106kbps、212kbps或424kbps其中一种传输速度,将数据发送到另一台设备。另一台设备称为NFC目标设备,不必产生射频场,而使用负载调制(Load Modulation)技术,即以相同的速度将数据传回发起设备。两者即实现通信。

移动设备主要以被动模式操作,可以大幅降低功耗,并延长电池寿命。

(三)NFC的发展

NFC与蓝牙(Bluetooth)相比,不仅更加安全,而且建立连接只需要不到0.1s。更出色的是NFC的卡模拟功能,让手机同时成为公交卡、门禁卡甚至银行卡,可以说NFC全方面碾压蓝牙。

虽说NFC更加方便安全,而且成本相较于蓝牙更低,但必须近距离甚至接触地建立连接方式是它的一块短板。在文件传输速度上,NFC也不尽如人意。NFC的传输速度理论最快只能达到868 kbps,而蓝牙却可以达到2.1 Mbps(见表7-1)。

表7-1 NFC与蓝牙的区别

	NFC	蓝牙
网络类型	点对点	单点对多点
使用距离	≤0.1m	≤10m
速度	115kbps、212kbps、424kbps、721kbps、868kbps	2.1Mbps
建立时间	<0.1s	6s
安全性	具备,硬件实现	具备,软件实现
通信模式	主动—主动/被动	主动—主动
成本	低	中

日本是NFC早期最主要的推广地区。在手机厂商、商家、运营商乃至银行的联合推广下,日本的手机早已集成了公交卡和银行卡功能。

但在日本以外,NFC的应用一片惨淡,特别是在欧洲,由于诺基亚高昂的授权及服务器费用,缺少诺基亚的技术支持,众多开发者对NFC敬而远之。

NFC在亚洲推广较为普遍。

尽管诺基亚推出了世界上第一款NFC产品——诺基亚3220,并且几乎将NFC作为手机标配,但由于没什么真正实用的功能,NFC也只能作为一个噱头,逐渐淡出了人们的视线。

如今,随着移动支付的普及,NFC这项技术重新进入了各大手机厂商的视线。

相较于现在的扫码付款模式,NFC的接触付款模式显然更加快捷和安全,NFC技术也终于不再是屠龙之技(见图7-6)。

图 7-6 NFC 的接触付款模式

（四）NFC 技术应用

现在，NFC 主要有以下两大应用：

1. 卡模拟

这是 NFC 最早的功能之一。

将手机作为公交卡和银行卡使用，可以大大减少出行所需要携带卡片的数量。但是，由于软件问题，这个功能在早期始终无法普及。

现在，该功能终于得到了足够的软件支持，小米、华为、三星、努比亚、一加、魅族等手机厂商纷纷推出了可以模拟公交卡的专属 App。遗憾的是，该功能只能在几个一线城市使用，普及还需要时间。

至于银行卡模拟，目前只有支付宝、Samsung Pay、Mi Pay、华为钱包等几个 App 支持。

2. 文件传输

类似于手机蓝牙，两台手机都将 NFC 功能开启后，将手机靠近即可建立连接，之后就可选择传输或接收文件。

但是，正如前文提到的，NFC 远不如蓝牙快捷，但 NFC 可以作为蓝牙的预链接使用。

现在很多相机、照片打印机也通过 NFC 进行图片快速传输，毕竟非常方便快捷（见图 7-7、图 7-8）。

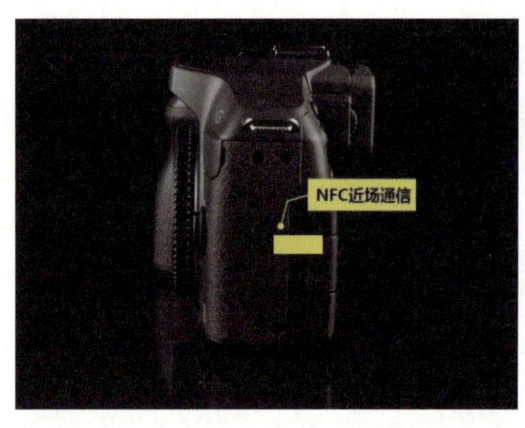
图 7-7 相机的 NFC 功能

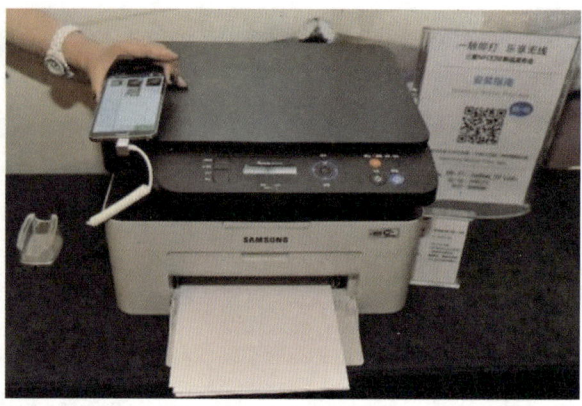
图 7-8 打印机的 NFC 功能

受制于基础设施和产业链的极不完善，NFC 目前远远不能发挥它的全部功能。例如 NFC 名片，通过 NFC 标签拨打电话，访问网址，甚至通过 NFC 标签来获取商品信息等。很多功能还在研发阶段，没有走进我们的生活。

（五）NFC 技术在汽车上的应用

1. 通信连接

当用户的手机与汽车首次连接时，蓝牙配对需要多次的用户交互操作，而 NFC 只需一次快速配对交互。只要将 NFC 手机对准仪表板内的 NFC 设备，点击手机屏幕，并确认配对，汽车就会激活车载蓝牙接口，并把内部蓝牙地址、PIN 密码、设备名称等信息传到 NFC 手机。然后，手机通过蓝牙接口与汽车建立安全连接，并完成设备配对过程。这种直观配对过程通常在 1~2s 内即可完成（见图 7-9）。

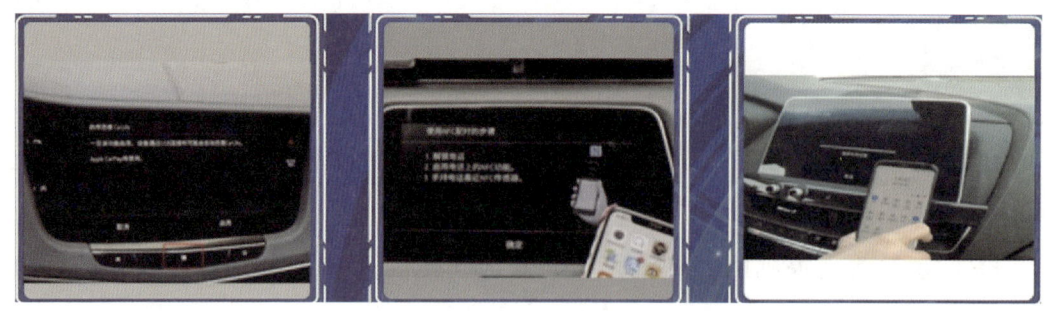
图 7-9 手机利用 NFC 连接车辆

2. 设置个性化车内环境

驾驶者可以用 NFC 设置个性化的车内环境，如设置空调、信息娱乐系统、灯光、最终目的地等。个性化设置功能不局限于驾驶者，乘客同样可以使用个性化设置功能。个性化设置信息保存在 NFC 标签里，只需在有 NFC 读取器的仪表板上刷一下个性化标签，即可激活所需的个性化设置。除此之外，NFC 还提供用户验证、电子支付和激活服务，如激活其他的导航地图（见图 7 – 10）。

图 7 – 10　NFC 设置车内环境

3. 作为钥匙卡使用

NFC 技术适用于钥匙卡（见图 7 – 11）。车主可以用 NFC 设备打开车门锁，保存用户的座椅位置、电台频道等设置，也可以用 NFC 手机或 NFC 标签锁车或开锁。NFC 让汽车与手机的数据共享变得更容易。NFC 还特别适合那些需要灵活使用汽车的解决方案，如共享汽车、汽车租赁、社交分享、车队管理等。

图 7 – 11　NFC 技术适用于钥匙卡

NFC 接口携带方便，也可以在车外使用。当用户锁好车时，汽车会把车锁状态、汽车位置、燃油量等汽车状态信息发送到手机，方便用户使用。所有这些应用都表明，

NFC 技术在汽车中有巨大的应用潜力。

一些应用需要基于拥有 NFC 的设备，如手机、PDA 等。另外一些应用依赖于拥有 NFC／RFID 公共基础设施，如乘坐公交、支付、购票检票等功能。因此，汽车 NFC 的应用前景取决于 NFC 设备的未来市场渗透度以及世界各地 NFC／RFID 基础设施的变化情况。

二、蓝牙技术

（一）蓝牙技术概述

1. 名字由来

公元 940—985 年，哈洛德·布美塔特（Harald Blatand，后人称 Harald Bluetooth）统一了整个丹麦（见图 7-12）。他的名字"Blatand"可能取自两个古老的丹麦词语："bla"意思是黑皮肤的，而"tand"是伟人的意思。和许多君王一样，哈洛德四处扩张，为政治、经济和荣誉而征战。公元 960 年，哈洛德达到了他权力的最高点，征服了整个丹麦和挪威。因为这个丹麦国王爱吃蓝莓，牙齿被染蓝，因此而得一绰号"Bluetooth"（蓝牙）。

图 7-12　Harald Blatand

目前使用的蓝牙 Logo 来自后弗萨克文的符文组合，将哈洛德国王名字的首字母"H"和"B"结合在一起，形成了现在人们所熟知的蓝色标识（见图 7-13）。

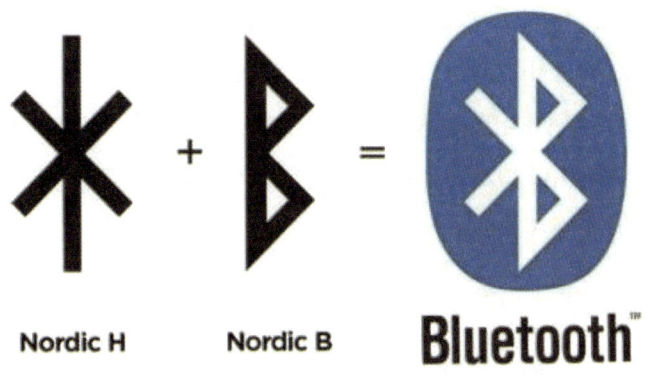

图 7-13 蓝牙 Logo

2. 蓝牙技术的起源

蓝牙技术起源于1989年。爱立信移动公司 Nils Rydbeck 博士和 Johan Ullman 博士想开发无线耳机,取代有线耳机。Jaap Haartsen 博士后续参与该项目,仅5年时间就取得突破并提出第一个协议。1999年,拉斯维加斯计算机博览会上,他们向世界展示了第一款免提蓝牙耳机,获得了嘉奖。

3. 蓝牙技术定义

蓝牙是一种无线技术标准,可实现固定设备、移动设备和楼宇个人域网之间的短距离数据交换(使用2.4~2.485GHz的ISM波段的UHF无线电波)。蓝牙可连接多个设备,攻克了数据同步的难题。

4. 蓝牙技术的应用

(1) 蓝牙支持设备短距离通信(一般为10m内),能在移动电话、PDA、无线耳机、笔记本电脑、相关外设等众多设备之间进行无线信息交换。利用蓝牙技术能够有效地简化移动通信终端设备之间的通信,也能够成功地简化设备与因特网(Internet)之间的通信,从而使数据传输变得更加迅速高效,为无线通信拓宽道路。

(2) 蓝牙属于小范围无线连接技术,能在设备间实现方便快捷、灵活安全、低成本、低功耗的数据通信和语音通信,是实现无线个域网通信的主流技术之一。蓝牙与其他网络相连接可以带来更广泛的应用。蓝牙是一种尖端的开放式无线通信,能够让各种数码设备无线沟通,是无线网络传输技术的一种,原本用来取代红外线通信。

(3) 蓝牙技术属于无线数据与语音通信的开放性全球规范,它以低成本的近距离无线连接为基础,为固定与移动设备通信环境建立一个特别连接。其实质内容是为固定设备或移动设备之间的通信环境建立通用的无线电空中接口(Radio Air Interface),将通信技术与计算机技术进一步结合起来，使各种 3C 设备在没有电线或电缆相互连接的情况下，能在近距离范围内实现相互通信或操作。简单地说，蓝牙技术是一种利用低功率无线电在各种 3C 设备间传输数据的技术。蓝牙工作在全球通用的 2.4GHz ISM（工业、科学、医学）频段，使用 IEEE 802.15 协议。作为一种新兴的短距离无线通信技术，蓝牙正有力地推动低速率无线个人区域网络的发展。

蓝牙作为一种支持设备短距离通信的无线电技术，能够在设备间实现低成本、低功耗、方便快捷的数据通信和语音通信。蓝牙技术在我们的生活中已经无处不在，如使用无线耳机打电话、使用蓝牙音响播放音乐、通过车载蓝牙与汽车互动，几乎所有的智能手机、平板电脑、笔记本电脑、汽车，甚至是家居已经标配了蓝牙技术。蓝牙技术正不断颠覆我们与设备互动、设备与设备互动的方式。根据蓝牙技术联盟发布的信息，2024 年全球蓝牙设备总出货量达到 62 亿台。

（二）蓝牙数据传输体系架构

1. 底层硬件模块

蓝牙技术系统中的底层硬件模块由基带、跳频和链路管理。其中，基带完成蓝牙数据和跳频的传输。无线调频层是不需要授权的，通过 2.4GHz ISM 频段的微波，实现数据流传输和过滤，主要定义了蓝牙收发器在此频带正常工作所需要满足的条件。链路管理实现了链路建立、连接和拆除的安全控制。电话通信协议用于蓝牙语音通信，支持呼叫建立、挂断、切换等。串口仿真协议模拟传统串口通信，让蓝牙设备像串口设备一样收发数据，适配工业控制、嵌入式开发等场景为旧系统无线化升级提供简便方案。

2. 中间协议层

蓝牙技术系统构成中的中间协议层主要包括服务发现协议、逻辑链路控制和适应协议、电话通信协议和串口仿真协议四部分。服务发现协议层的作用是为上层应用程序提供一种机制以便于使用网络中的服务。逻辑链路控制和适应协议负责数据拆装、复用协议和控制服务质量，是其他协议层作用实现的基础。

3. 高层应用

在蓝牙技术构成系统中，高层应用是位于协议层最上部的框架部分。蓝牙技术的高层应用主要有文件传输、网络、局域网访问。不同种类的高层应用是通过相应的应用程序和一定的应用模式实现的一种无线通信。

(三)蓝牙网络的构成

1. 主/从设备

主动提出通信要求的设备是主设备,被动进行通信的设备为从设备。1 台主设备最多可同时与 7 台从设备进行通信,并可以和多达 256 个从设备保持同步但不通信。1 台从设备与另 1 台从设备通信的唯一途径是通过主设备转发。

2. 微微网

蓝牙系统提供点对点连接方式或一点多址连接方式。在一点多址连接方式中,信道分在几个蓝牙单元中。分在同一信道中的两个或两个以上的单元形成一个微微网(Piconet)。

3. 微微网的组网方式

如图 7-14 所示,可以看到有以下几种微微网组成方式:

微微网 A:A 作为主设备与 B 和 C 组成基本微微网物理信道,与 D 和 E 组成自适应调频微微网物理信道。

微微网 F:设备 F 为主设备,设备 E、G 和 H 为从设备,组成基本微微网物理信道。

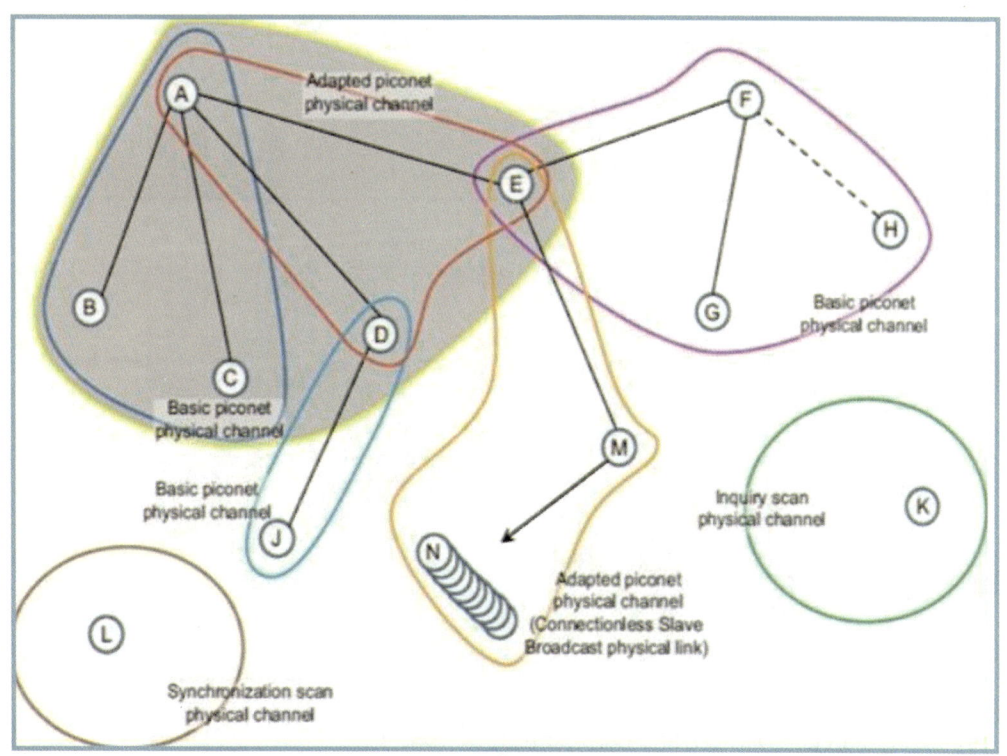

图 7-14 微微网的组网方式

微微网 D：设备 D 为主设备，设备 J 为从设备，组成基本微微网物理信道。

微微网 M：设备 M 作为主设备，设备 E 和许多设备 N 作为从设备。

（四）蓝牙技术特点

（1）工作在 2.4GHz 的 ISM 频段，全球大多数国家 ISM 频段的范围是 2.4~2.4835GHz。

（2）主设备是组网连接主动发起连接请求的蓝牙设备，几个蓝牙设备连接成一个微微网时，其中只有一个主设备，其余的均为从设备。

（3）采用跳频（Frequency Hopping）方式来扩展频谱，抵抗来自这些设备的干扰。

跳频原理：频带分成若干个跳频信道（Hopchannel），在一次连接中，无线电收发器按伪随机序列不断地从一个信道"跳"到另一个信道，收发双方按这个规律进行通信，从而达到抗干扰目的。同一个微微网内的跳频图（Hopping Pattern）一致，主设备提供时钟和跳频图的，从设备与主设备时钟和跳频图同步。跳频图由主设备的 BD ADDR 和主设备的时钟依据特定算法确定对应于单时隙蓝牙的跳频速率为 1600 跳/秒；对应于多时隙包时跳频速率有所降低；在建链时（包括 page 和 inquiry）则提高为 3200 跳/秒（见图 7-15）。

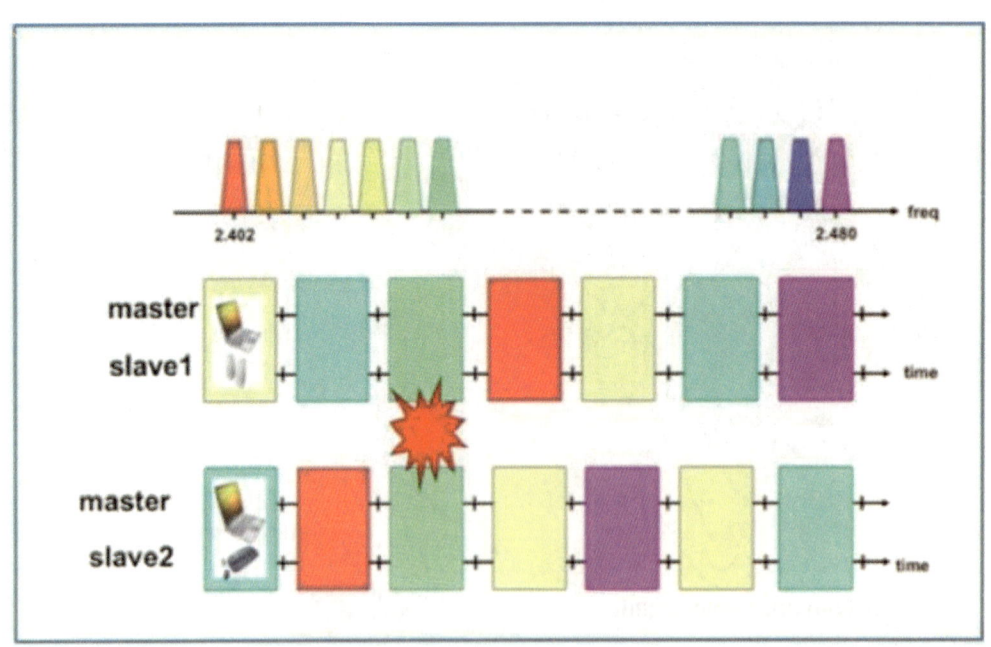

图 7-15 跳频原理

（4）提供了认证和加密功能，以保证链路级的安全。

（5）采用电路交换和分组交换技术支持异步数据信道、三路语音信道以及异步数据与同步语音同时传输的信道。

（6）通信距离为10m，可根据需要扩展至100m，以满足不同设备的需要。

（7）蓝牙设备在通信连接（Connection）状态下，有激活（Connected）模式、呼吸（Sniff）模式、保持（Hold）模式。Connected 模式是正常的工作状态，另外 2 种模式是为了节能规定的低功耗模式。

蓝牙技术特点见图 7-16。

图 7-16 蓝牙技术特点

（五）蓝牙操作及状态介绍

1. 两种操作

（1）Inquiry（Discovering）：发现设备的过程。查询设备每隔 312.5μs 选择一个新的频率来发送查询，被查询设备（Lnquiry Scan）每隔 1.28s 选择一次新的监听频率。查询设备和被查询设备使用通用查询接入码。

（2）Paging（Connecting）：建立连接的过程。蓝牙设备通过 Page 来呼叫其他的设备加入其所在的微微网，发起设备每隔 312.5μs 选择一个新的频率来发送 Page 请求，被 Page 设备每隔 1.28s 选择一个新的监听频率。双方接头后，同步主设备的跳频图及时钟，就认为建立了连接。

2. 3 种工作状态

（1）Connected Mode：普通模式。完成连接过程后，进入该模式。处于连接模式时可以创建和释放其他逻辑连接，并可以更改物理和逻辑连接的模式，同时保持与微微网物理通道的连接。该设备还可以执行 Inquiry、Page 或 Scan 过程，或者连接到其他微微网，而无须断开原始微微网物理信道。

（2）Hold Mode：保持模式，一种低功耗模式。进入该模式就不再支持数据包，从而可以降低功耗或参与到其他微微网中。

可交换数据　　　　hold 时间　　　　可交换数据

（3）Sniff Mode：呼吸模式，一种低功耗模式。连接后开始通信可以选择该模式，在该模式下从设备不需要时刻监听主设备发送过来的数据包，从而降低设备的功耗。在呼吸模式下主设备将每隔一段时间向从设备发送数据包，所以每隔一段时间去监听主设备的数据包即可。

可交换数据　休息时间　可交换数据　休息时间　可交换数据

（六）蓝牙技术分类

蓝牙技术分为两种：Basic Rate（BR）和 Low Energy（LE）。两种技术差异大，不能互通。

1. Basic Rate（BR）

BR 是蓝牙诞生之初使用的基础速率技术，其理论传输速率为 721.2Kbps。EDR 是基于 BR 的可选增强数据速率技术，可将蓝牙理论速率提升到 2.1Mbps，BR 和 EDR 可以同时存在。AMP 是蓝牙核心系统的次要控制器，其物理层规范直接采用 802.11（Wi-Fi）的 PHY 规范，主要用于已连接设备之间的高速数据通信。在 BR/EDR 的设备连接建立后，若设备都有 AMP 控制器，系统会提供机制让数据流从 BR/EDR 控制器迁移到 AMP 控制器。另外，由于蓝牙自身物理层和 AMP 技术差异大，BR/EDR 和 AM8P 只能二选一使用。适合传输音频等大量数据。

2. Low Energy（LE）

LE 是低功耗蓝牙技术。低功耗蓝牙技术为适配多播及广播需求，在射频层（RF 层）和基带层（BB 层）做修改，将信道减为 40 个（含 3 个广播通信信道）；原有搜索、连接及配对等概念不再存在，引入 Advertiser（广播者）、Initiator（发起者）等概念；适合传输少量数据。

（七）蓝牙硬件组成

蓝牙硬件组成见图 7-17。

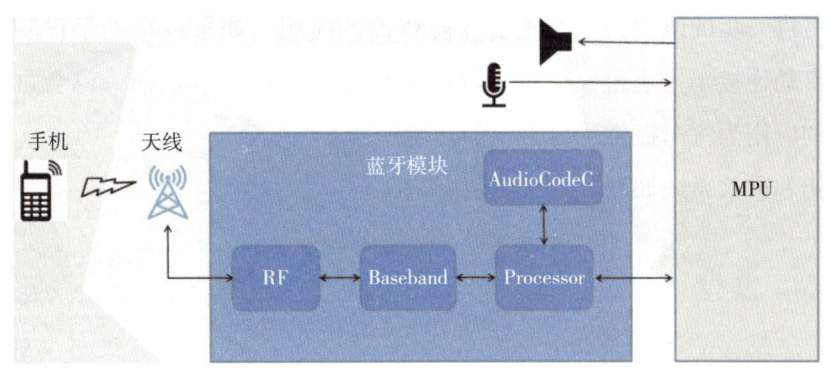

图 7-17 蓝牙硬件组成

（八）在汽车领域的应用

1. 蓝牙免提通信

将蓝牙技术应用到车载免提系统中，是最典型的汽车蓝牙应用技术。将手机作为网关，打开手机蓝牙功能与车载免提系统，只要手机在距离车载免提系统10m之内，都可以自动连接，控制车内的麦克风与音响系统，从而实现全双工免提通话。将车载免提应用框架作为蓝牙免提通信技术的基础，可以很好地规范蓝牙设备，并且汇集蓝牙功能集，可以控制蓝牙技术（见图7-18）。

图 7-18 蓝牙免提通信

2. 车载蓝牙娱乐系统

车载蓝牙娱乐系统，主要包括 USB 技术、音频解码技术、蓝牙技术等，将上述技术相融合，利用汽车内部麦克风、音响等，播放储存在 U 盘中的各种音频以及电话簿等。以 CAN 为基础连接车载系统中的网络，就可以实现车载信息娱乐系统的运行，同时为系统保留了可扩展性。

3. 蓝牙车辆远程状况诊断

车载诊断系统主要依靠蓝牙远程技术及时进行车辆检修，尤其是可以对汽车发动机进行实时监测，帮助车辆时刻掌握不同功能模块的具体运行情况，一旦发现系统运行不正常，就利用设定好的计算方法准确判断出现故障的原因与故障类型，并将故障诊断代码上传到车载运行系统存储器中。

4. 汽车蓝牙防盗技术

随着技术的逐渐成熟，蓝牙在应用广泛性、使用安全性、传输准确性、传输高效性等方面会有更进一步的改善，尤其是蓝牙防盗器的应用。如果汽车处于设防状态，蓝牙感应功能将自动连接车主手机，一旦车辆状态出现变化或者被盗窃，将会自动报警。蓝牙防盗技术的应用为汽车提供了更安全的环境。

蓝牙无钥匙进入系统如图 7-19 所示。

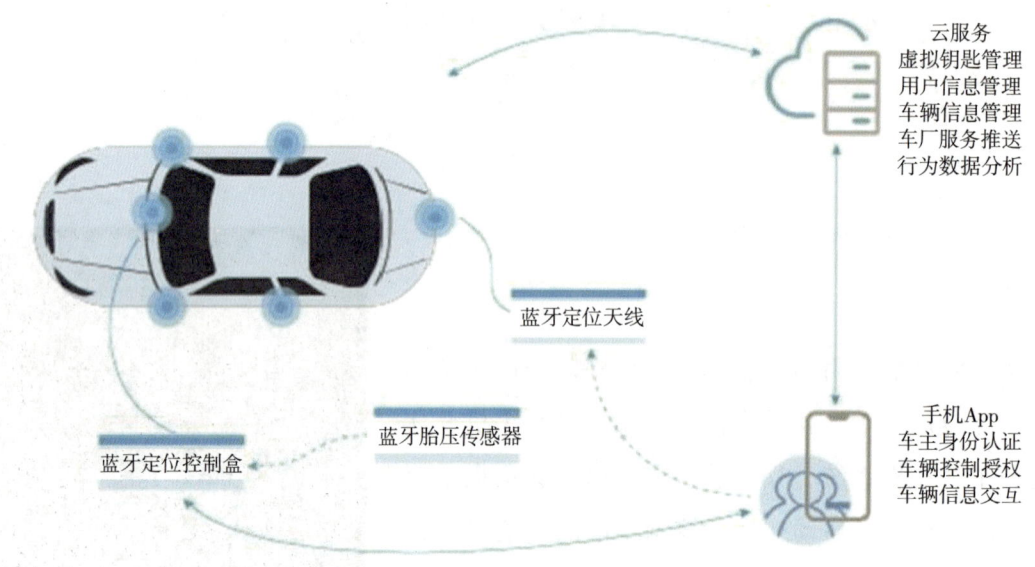

图 7-19　蓝牙无钥匙进入系统

三、车载 5G 技术

随着科技的飞速发展，通信技术与智能汽车的结合正成为现代出行的新趋势。这一变化不仅是技术上的升级，更是对生活方式和出行方式的深度革新。

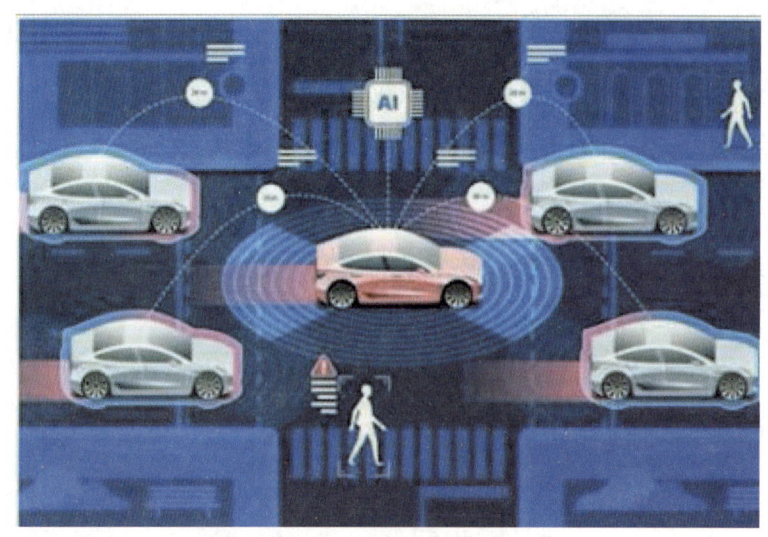

图 7-20　车辆无线技术应用

（一）通信技术的发展

1G 主要解决语音通信的问题。

2G 可解决优质通信、多人通信、安全通信问题，可以达到基本上网要求。

3G 在 2G 的基础上发展了多媒体通信，并提高了通话安全性，解决了数据高速传输问题。

4G 是专为移动互联网设计的通信技术，在网速、容量、稳定性上相比之前的技术都有了跳跃性的提升，传输速度可达 100MB/s，甚至更高。

那么，5G 将为我们带来什么？

第五代移动通信技术，简称 5G，是具有高速率、低时延和大连接特点的新一代宽带移动通信技术，是实现人机物互联的网络基础设施。

在当今社会，随着科技的飞速发展，车联网与 5G 通信技术成为交通出行领域的热门话题。它们各自具备独特的功能和优势，结合时能够发挥出更大的潜力，为我们的出行带来前所未有的便利和安全。

车联网又称 V2X（Vehicle to Everything），即车与万物互联，实现车内、车与车、车与人、车与外部环境、车与服务平台的全方位网络连接（见图 7-21）。

V2X 信息交互模式包括：

车与车（V2V）：通过车载终端进行车辆间的通信。

车与人（V2P）：弱势交通群体（如行人、骑行者等）使用用户设备（如手机、笔记本电脑等）与车载设备进行通信。

车与路（V2I）：车载设备与路侧基础设施（如红绿灯、交通摄像头、路侧单元等）

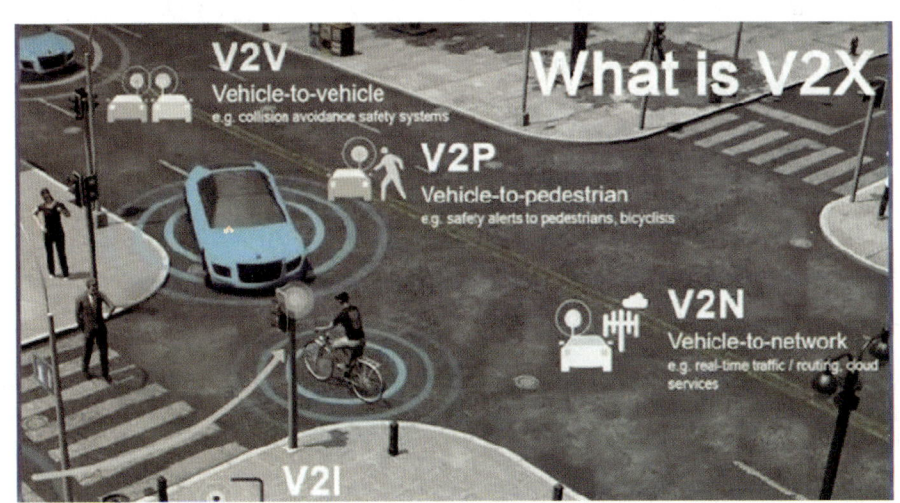

图 7-21　V2X 的应用

进行通信。

车与网络（V2N）：车载设备通过接入网/核心网与云平台连接。

随着智能交通系统的快速发展，车联网技术已成为提升道路交通安全性、缓解交通拥堵、提高出行效率的重要手段。C‑V2X（5G‑V2X）车联网通信技术作为车联网领域的关键技术之一，具有广阔的应用前景。

C‑V2X 是基于蜂窝网络的车与外界的信息交换技术。它是从 LTE‑V2X（3G 以上支持的 V2X）到 5G‑V2X 的平滑演进。它不仅支持现有的 LTE‑V2X 应用，还支持 5G‑V2X 的全新应用。它基于强大的 3GPP 生态系统和连续完善的蜂窝网络覆盖，可大幅降低未来自动驾驶和车联网部署成本。智能汽车经历了从车载信息服务到智能网联服务，再到未来可能实现完全自动驾驶服务，与通信技术的发展紧密结合，因此 C‑V2X 被认为是自动驾驶的关键推动因素之一。

（二）5G 通信技术在自动驾驶方面的优势

1. 交互式感知：体验提升

降低了时延；降低了道路的不确定性（距离、速度、位置，车辆运行轨迹交口，车辆状态交互）。

2. 不受距离和环境约束：能力增强

弥补了传感器受距离和环境约束的缺陷，满足车内乘客对 AR/VR 游戏、电影、移动办公以及高精度地图等车载信息娱乐系统的需求。

3. 摆脱单车智能：智能协作

促进从单车智能到协作式智能演化。

5G 使得无人驾驶的可能性增加，可以协助对城市固定路线车辆实现部分智能云控制。

另外 5G 边缘计算和切片技术为自动驾驶提供保障。

基于 5G 近实时的高清视频传输，V2N 和 V2V 互补（V2N2V），让自动驾驶不仅能"眼观六路"，还能"耳听八方"，实现 100% 安全性。无人驾驶的需求包括传统的覆盖、容量、时延、可靠性、速率、移动性、安全、成本、功耗等。

5G 对高阶自动驾驶场景的作用，即 5G 可使 12 个车联网基本场景更高效、安全。12 个车联网基本场景包括车辆碰撞预警（V2V）、弱势交通参与者碰撞预警（V2P/V2I）、交叉路口碰撞预警（V2I）、变道碰撞预警（V2V）、车辆紧急制动预警（V2V）、绿波车速引导（V2I）、闯红灯预警（V2I）、协同换道（V2V/V2I）、编队行驶（V2V）、高精地图实时下载（V2N）、定位管理（V2N/V2I）、车队管理（V2N）等。

(三) 5G – V2X 的具体应用

1. 车辆编队

车辆编队使车辆形成动态编队一起行驶。编队中的所有车辆从编队头车获取信息，这些信息能够使车辆以比正常行驶更近（编队车辆间隔仅 2~5m）、更协调的方式同向行驶（见图 7-22）。

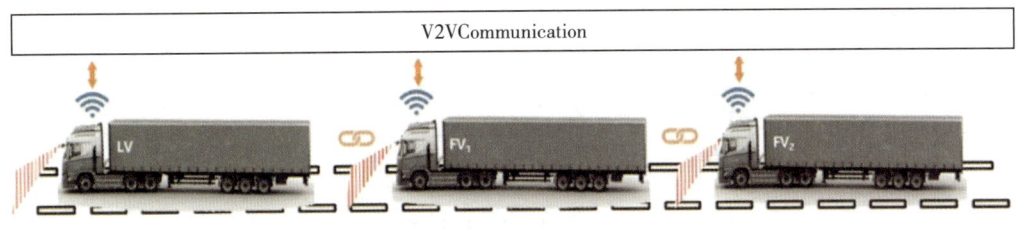

图 7-22 车辆编队

2. 传感器扩展

扩展传感器使车辆之间、车与路侧单元之间、车与行人之间以及车与 V2X 服务器之间可以交互本地传感器信息和实时视频图像信息等，车辆可以获得额外的环境感知能力，更全面了解周边环境。

3. 先进驾驶

先进驾驶用于支持半自动或全自动驾驶。每个车辆把通过自身传感器获得的感知数据以及自身的驾驶意图分享给周围车辆，从而支持多个车辆之间同步和协调其行驶轨迹。

4. 远程驾驶

远程驾驶使远程司机或车联网应用服务器遥控车辆的行驶，适用于车主不能自己驾车或远程车辆处于危险环境中等特殊场景。高可靠性和低延迟通信是远程驾驶的主要要求。5G – V2X 业务场景对通信的需求，具体如表 7-2 所示。对通信时延、数据速率、通信距离和可靠性都有不同的要求。

综上可知，5G 通信技术在解决实际交通问题、自动驾驶技术和促进社会可持续发展方面发挥了不可替代的作用。技术的创新是为了服务于社会、造福于民，需要密切关注社会需求，积极参与科技创新活动。

表7-2 5G-V2X业务场景对通信的需求

业务场景	通信需求（关键指标）
车辆编队行驶	**时延**：10ms以内（保证车辆协同控制指令实时交互，维持2~5m跟车距离） **可靠性**：99.999%以上（避免编队内车辆因通信丢包/延迟引发碰撞） **速率**：中低速率（主要传输控制指令、状态信息，几十kbps即可） **同步精度**：高（依赖5G时间同步，确保多车加减速、转向协同）
传感器扩展 （车—车/车—路/ 车—人信息交互）	**时延**：20ms以内（保障实时环境感知，如共享周边车辆、行人、障碍物信息） **可靠性**：99.99%以上（确保感知数据准确，辅助决策） **速率**：支持高清视频、点云数据等大带宽需求（如共享实时视频需几十Mbps） **连接数**：高（需同时与多车、路侧设备、行人终端通信）
先进驾驶 （多车协同自动驾驶）	**时延**：5ms以内（支持多车同步决策、轨迹协调，避免冲突） **可靠性**：99.999%以上（自动驾驶安全关键，指令错误或延迟易引发事故） **速率**：中速率（传输感知数据、决策指令，百kbps至数Mbps） **定位精度**：厘米级（结合5G+高精定位，保障车辆位置准确协同）
远程驾驶	**时延**：1ms级别（驾驶员远程操控车辆，延迟过高无法及时响应危险） **可靠性**：99.9999%以上（极端可靠，操控指令丢失或延迟可能致严重事故） **速率**：高（需传输高清视频、实时操控指令，几十Mbps至百Mbps） **移动性支持**：高速移动下稳定连接（如车辆行驶中远程驾驶不掉线）
交叉路口碰撞预警	**时延**：5ms以内（提前预警避免碰撞，需快速交互路口车辆状态） **可靠性**：99.999%以上（预警信息准确传递，关乎生命安全） **覆盖范围**：路口周边一定区域（路侧单元与车辆、车辆与车辆间通信覆盖路口范围）
弱势交通参与者预警 （车—人/车—非机动车）	**时延**：10ms以内（及时感知行人、骑行者动态并预警） **可靠性**：99.99%以上（保障预警有效，保护弱势方安全） **连接灵活**：支持与行人手机、穿戴设备（如智能手环）等低功耗终端通信
绿波车速引导	**时延**：50ms以内（及时接收信号灯配时、推荐车速，实现一路绿灯） **可靠性**：99.9%以上（保障车速引导指令准确，提升通行效率） **信息更新频率**：实时（根据信号灯变化、交通流调整推荐车速）
紧急车辆优先通行	**时延**：10ms以内（紧急车辆快速广播优先请求，社会车辆及时响应让行） **可靠性**：99.999%以上（保障优先指令可靠传达，为救援等争取时间） **优先级**：最高（紧急车辆通信需求优先调度网络资源）
自动驾驶车队管理	**时延**：10ms以内（车队内车辆状态、调度指令实时交互） **可靠性**：99.999%以上（确保车队协同调度准确，如队形调整、任务分配） **网络切片**：专属切片保障（隔离其他业务，为车队通信预留稳定资源）
高精度地图实时更新	**时延**：50ms以内（快速获取地图动态数据，辅助自动驾驶决策） **速率**：高（高精地图数据量大，需几十Mbps传输） **数据完整性**：高（保障地图更新包准确、无丢失）
车辆故障预警与远程诊断	**时延**：100ms以内（车辆故障信息及时上传，远程诊断快速响应） **可靠性**：99.9%以上（保障故障数据准确传输，辅助远程维修决策） **数据类型**：支持车辆传感器、ECU等多类型故障数据（如发动机、制动系统故障码）

续表

业务场景	通信需求（关键指标）
车–云协同决策（交通流优化）	时延：50ms 以内（车辆状态数据上传、云端优化指令下发及时） 可靠性：99.9% 以上（保障云端决策有效传递，优化交通流） 数据交互规模：支持区域内多车数据聚合（云端基于大量车辆数据进行交通优化）

技能演练

一、车机与手机蓝牙连接匹配

（一）蓝牙连接

打开车载多媒体，点击【设置】中【连接】里的【蓝牙设备】，打开蓝牙功能；在【蓝牙设备】中进入【设置连接】【搜索】，等待列表中出现设备的名称，点击【连接】。从手机端配对：将系统蓝牙功能开启，并从手机端请求连接，可与手机进行配对（见图 7–23）。

图 7–23 车内蓝牙连接

（二）蓝牙改名

蓝牙支持改名，默认名称是 GEELY，可以根据喜好命名。不喜欢新名字可以直接恢复出厂设置（见图 7–24）。

（三）蓝牙电话

蓝牙连接成功后，手机通讯录即时导入车机，点击车机【PHONE】按键或者方向盘上面的按键，进入车机蓝牙电话界面，点击"同步"，通讯录及通话记录即可全部导入。

图 7-24　车内蓝牙改名

输入电话号码,按屏幕上的拨号键或者方向盘上的拨号按钮可以进行拨号。

当有电话进入时,可以按方向盘上的接听键、导航屏幕上的接听键或手机上的接听键接听电话。

在通话时可以选择是否手机接听,进入私密模式(声音在手机上)。

如果在通话中感觉对方声音较小,可以通过音量调节旋钮或者方向盘上的音量调节键进行音量调节(见图 7-25)。

图 7-25　车内蓝牙电话

(四) 蓝牙音乐

蓝牙连接成功后,手机音乐 App 本地音乐即时连接车机,滑至音乐播放器界面,打开手机音乐 App,车机蓝牙音乐功能即时开启。使用蓝牙音乐时,建议将手机音量调至最大,再使用车机音量调节调至合适音量(见图 7-26)。

图 7-26 车内蓝牙音乐

二、福特领界无 4G 网络信号故障检修

(一) 故障现象

一辆行驶里程约 3000km、配置 1.5t 发动机及 CVT 变速器的 2019 年福特领界。客户反映,该车 4G 网络不可用,没有 4G 网络信号。

(二) 故障诊断过程

1. 车辆资讯

该车采用人机交互系统,将多媒体娱乐系统、语音识别系统、导航系统、手机 App、车联网系统以及免钥匙远程启动系统整合在一起。

主要功能有:

(1) 通过 4G 网络(T-BOX 模块内置联通 4G SIM 卡)与互联网安全连接。

(2) 用户下载江铃福特 App,通过 App 主动下发车辆状态检测或车辆故障检测指令,T-BOX 上报车辆状况至服务端平台,包含车门、车窗、胎压等信息,实现车况查询功能及自助诊断功能。

(3) Wi-Fi 热点功能。

(4) T-BOX 监控到车辆入侵或车辆异动事件后上报后台,后台主动发送消息提醒客户,实现车辆防盗报警及异动报警功能。

(5) T-BOX 监测到车辆碰撞信号后,自动发短信给紧急联系人和车主,实现碰撞报警功能。

（6）通过手机 App 实现远程寻车及远程控制车辆功能等。

其中车联网系统主要以多媒体系统为平台，利用多媒体平台的麦克风、扬声器、显示屏等进行互联互通。车联网仅通过 T‑BOX 模块和网络进行连接以确保车辆安全，同时 T‑BOX 模块通过专用的通信网络 T‑CAN 和车辆网关 GWM 模块连接，进而接入车辆。车联网系统具有语音控制功能，驾驶员可以直接对系统进行语言输入，由系统识别并操作相应的功能。语音控制是指通过语音识别技术，将输入的语音信息转换成电控信号，电控信号用以控制多媒体模块 MP5 的各项功能，或者转换为 CAN 网络信号，通过网络控制车辆的相关系统。语音控制需要语意解析，语意解析首选在多媒体模块 MP5 主机完成，若本地主机无法完成语意解析，MP5 会立即将音频信号通过 USB 线发送给 T‑BOX 模块，T‑BOX 模块通过 4G 网络发送给云服务器进行解析。语音控制系统不但可以控制 MP5 主机本身的音响、导航、访问网页等功能，还可对空调、车窗、天窗进行语音控制。车联网系统还可借助 4G 网络和 GPS 进行车辆信息查询、车辆系统控制及车辆诊断。以远程控制开启车窗为例，通过手机端的"江铃智行"App 发出开启车窗的指令，指令通过手机发送给江铃云服务器，云服务器经过认证运算后，通过联通 4G 网络将控制指令发送给 T‑BOX，T‑BOX 将接收的指令转换为 CAN 信号，通过专用的 T‑CAN 网络发送给网关，网关模块在 B‑CAN 网络将指令发送给 BCM，BCM 接收到信号后，通过 LIN 网络将开启车窗指令发送给车窗模块，车窗模块就会驱动电动车窗电机实现车窗远程开启功能（见图 7‑27）。

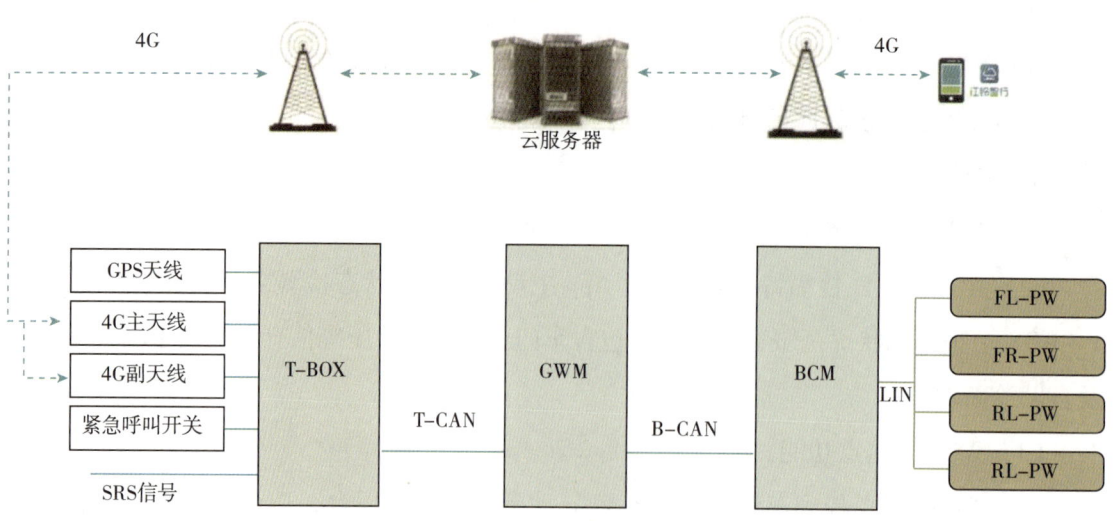

图 7‑27　远程控制原理

在了解系统的相关功能后首先检查车辆的人机交互系统，发现该系统多媒体系统功能不受影响，收音机及 U 盘歌曲播放功能正常；车内语音控制车辆功能也能正常使用；

导航功能可以使用，因为没有4G网络，实时路况没有显示。除必须和4G网络连接的功能受影响外，其他功能一切正常，故障确实存在。通过前面对系统原理的了解可知，车联网系统主要依靠T-BOX模块内置联通4G SIM卡提供网络信号和互联网安全连接。T-BOX模块通过专用通信网络和车上模块通信实现各种控制功能。

2. 故障原因分析

（1）T-BOX模块的相关线路，如模块供电、搭铁以及和网关通信的专用T-CAN网络线故障。

（2）车辆网关故障。

（3）T-BOX模块的4G网络天线线路故障或天线本身故障。

（4）多功能显示器与T-BOX的USB连接线故障。

3. 故障检修

首先用江铃诊断仪GADE-X做车辆自检，没有任何相关故障码。T-BOX模块位于主驾侧诊断接口上方，比较容易拆装。依据T-BOX模块的相关线路图，检查T-BOX模块的供电、搭铁均良好。检查T-CAN网络线也未见异常。检查4G网络天线、USB线及GPS天线的插头未见松脱，拔插一次及重新开关钥匙后依旧没有网络信号，同时发现T-BOX模块上的4个指示灯均未亮起。正常情况下应该4个指示灯都是点亮的，假如是4G天线问题导致的不能联网，GPS天线信号灯及T-BOX模块运行信号灯也应该亮起，4G天线及GPS天线同时损坏的可能性极小。现在4个信号灯均不点亮，由此判断T-BOX模块本身故障的可能性非常大。更换新的T-BOX模块后，车辆4G网络恢复正常，故障排除。

（三）故障总结

（1）首先该车不能联网是由负责与4G网络连接的T-BOX模块本身故障所致。

（2）更换T-BOX模块步骤：第一步，需在长安福特T服务平台下载专用的扫码App，打开App，输入经销商T服务开通的网站账号密码，即可登录，登录后扫描T-BOX模块上的二维码，识别后，点击"确认"即完成T-BOX注册。其目的是在平台注册新的T-BOX模块，避免非法T-BOX控制车辆。第二步，在GRADE-X诊断仪配置选项选择T-BOX模块，完成模块车架号的写入，以及在特殊功能选项内选T-BOX模块，完成模块的配置信息写入。第三步，在经销商福特T服务及实名认证系统界面选择T-BOX更换管理下面的T-BOX更换选项，在此界面输入车架号、车主验证码及更换后的新T-BOX设备编号（20位数），点击"提交"即完成T-BOX更换。

参考文献

[1] 李伟,王辉,刘伟. 汽车传感器结构·原理·检测·维修[M]. 北京:化学工业出版社,2024.

[2] 鲍继强,李强,冯宇棠. 常用汽车总线及车载以太网技术应用与分析[J]. 汽车电器,2025(5):106-108.

[3] 于建锋,顾平林,陈茜. 蓝牙技术在汽车中的应用[J]. 时代汽车,2017(16):15-16.

[4] 吕丕华. 汽车网络信息系统故障诊断与维修[M]. 北京:中国劳动社会保障出版社,2021.